/ 100 位

为新中国成立作出突出贡献的英雄模范人物 /

蔡和森

李永春 / 编著

★

吉林文史出版社

图书在版编目（CIP）数据

蔡和森 / 李永春编著. -- 长春：吉林文史出版社，
2011.4（2022.4重印）
（100位为新中国成立作出突出贡献的英雄模范人物）
ISBN 978-7-5472-0584-6

Ⅰ．①蔡… Ⅱ．①李… Ⅲ．①蔡和森（1895～1931）—
生平事迹 Ⅳ．①K827=6

中国版本图书馆CIP数据核字（2011）第051225号

蔡和森

CAIHESEN

编著/ 李永春

选题策划/ 王尔立　责任编辑/ 王尔立

装帧设计/韩璘

出版发行/ 吉林文史出版社

地址/ 长春市福祉大路5788号　邮编/ 130118

电话/ 0431-81629363　传真/ 0431-86037589

印刷/天津海德伟业印务有限公司

版次/ 2011年4月第1版 2022年4月第6次印刷

开本/ 640mm×920mm　1/16

印张/ 9　字数/ 100千

书号/ ISBN 978-7-5472-0584-6

定价/ 29.80元

《100位为新中国成立作出突出贡献的英雄模范人物》丛书

★★★★★

编　委　会

100位

为新中国成立作出突出贡献的英雄模范人物

八女投江	于化虎	小叶丹	马本斋	马立训	方志敏
毛泽民	毛泽覃	王尔琢	王尽美	王克勤	王若飞
邓萍	邓中夏	邓恩铭	韦拔群	冯平	卢德铭
叶挺	叶成焕	左权	诺尔曼·白求恩		任常伦
关向应	刘老庄连	刘伯坚	刘志丹	刘胡兰	吉鸿昌
向警予	寻淮洲	戎冠秀	朱瑞	江上青	江竹筠
许继慎	阮啸仙	何叔衡	佟麟阁	吴运铎	吴焕先
张太雷	张自忠	张学良	张思德	旷继勋	李白
李林	李大钊	李公朴	李兆麟	李硕勋	杨殷
杨子荣	杨开慧	杨虎城	杨靖宇	杨闇公	萧楚女
苏兆征	邹韬奋	陈延年	陈树湘	陈嘉庚	陈潭秋
冼星海	周文雍、陈铁军夫妇	周逸群	明德英		林祥谦
罗亦农	罗忠毅	罗炳辉	郑律成	恽代英	段德昌
贺英	赵一曼	赵世炎	赵尚志	赵博生	赵登禹
闻一多	埃德加·斯诺	夏明翰	格里戈里·库里申科		
狼牙山五壮士	聂耳	郭俊卿	钱壮飞	黄公略	
彭湃	彭雪枫	董存瑞	董振堂	谢子长	鲁迅
蔡和森	戴安澜	瞿秋白			

每个人的心中都多少有一点英雄情结，都向往英雄、景仰英雄。也正因此，在中华人民共和国建国六十周年之际，由中央十一部委联合组织开展的"100位为新中国成立作出突出贡献的英雄模范人物和100位新中国成立以来感动中国人物"的评选活动中，群众参与投票总数近一亿。这其中的每一张选票，都表达了人们对英雄模范的崇敬之情，寄托着对伟大祖国的美好祝福。

一个民族不能没有英雄，否则这个民族就不会强大。当国家危难之时，懦弱者选择了逃避、妥协甚至投降，英雄们却挺身而出，用热血捍卫民族的尊严，人民的幸福。在创立和建设新中国的伟大历程中，涌现出无数可歌可泣的英雄模范人物。他们之中，有为了民族独立和人民解放而英勇牺牲的革命先烈，有为了党和人民的事业而不懈奋斗的优秀共产党员，有在全民族抗战中顽强奋战、为国捐躯的爱国将士，有英勇杀敌的战斗英雄和革命群众，有积极从事进步活动的著名民主爱国人士和国际友人……他们是民族的脊梁、祖国的骄傲，是激励全体人民团结奋斗的精神力量。

《100位为新中国成立作出突出贡献的英雄模范人物传记》丛书，就像一部星光璀璨的英雄谱，真实、完整地记录了英雄模范人物不平凡的一生，再现了他们非凡的人格魅力和精神世界。"头颅可断腹可剖"的铁血将军杨靖宇，"毫不利己，专门利人"的白求恩，"抗战军人之魂"张自忠，"砍头不要紧"的夏明翰，"俯首甘为孺子牛"的文化斗士鲁迅……一串串闪光的名字，一个个动人的故事，犹如群星闪烁，光耀中华。

如今，战火已熄，硝烟已散，英雄已逝，我们沐浴在和平的幸福之中。在和平年代，人们不会忘记为今日的和平浴血奋战的英雄们，英雄的故事永远不会结束。让我们用英雄的故事唤醒我们心中的激情，为中华民族的伟大复兴而奋斗。

生平简介

蔡和森（1895-1931），男，汉族，湖南省双峰县人，中共党员。

蔡和森1918年与毛泽东等组织新民学会，创办《湘江评论》。1920年初赴法勤工俭学，在法国期间同国内的毛泽东等人通信，提出要在中国建立共产党。在法国与周恩来、赵世炎等筹组中国共产党旅欧的早期组织，并对建党理论作出了重要贡献。1921年参与组织和领导留法勤工俭学学生争生存权、求学权等进步运动。同年底加入中国共产党，并在中共中央从事党的理论宣传工作。出席中共"二大"，并参加起草大会政治宣言，制定中国革命纲领。1922至1925年长期主编中共中央机关报《向导》周报，宣传马克思主义和党的方针政策，总结中国革命经验。1925年参与组织领导五卅运动。10月，受党中央委托，赴莫斯科参加共产国际第五届执委会第六次扩大会议，会后作为中共驻共产国际代表。1927年回国后，参加党的"五大"和中央八七紧急会议，当选中央政治局委员、政治局常委，任中央宣传部部长，代理秘书长。1931年，作为中共中央代表兼中共中央南方局书记，奉中央指示去香港指导中共广东省委的工作。1931年6月因叛徒出卖被捕，8月在广州牺牲。中共第二至六届中央委员，第三、四届中央局委员，第五、六届中央政治局委员、常委。

1895-1931

[CAIHESEN]

◀蔡和森

目 录 MULU

盗火英雄蔡和森（代序）

在古希腊传说中，天神普罗米修斯看到人类生活在黑暗长夜中，便冒着生命危险去天庭盗取火种，给黑暗中的人类照亮和驱寒，使他们自由快乐地生活。当天庭的主神宙斯发现普罗米修斯偷盗了他的火种后，大为震怒，把他锁在高加索的山崖上，每天派天鹰去啄食他的心脏，日复一日，年复一年，煎熬了他三千年。普罗米修斯始终高昂着永不屈服的头，欣慰地看着人类享受着光明和自由，谱写了一曲悲壮的盗火英雄之歌。

蔡和森与普罗米修斯一样，不惜牺牲生命为人们盗取光明与温暖的火种，所不同的是，普罗米修斯是天神，盗取天庭的火种，蔡和森是凡人，去西方盗取马克思列宁主义的火种，为中国人民的解放指明了道路。

蔡和森是中国共产党早期卓越的领导人之一、杰出的马克思主义理论家和宣传家、社会活动家。他生于上海，长在湖南，自小以乡贤曾国藩为学习的榜样，立志于做一个大学问家。1913 年到长沙求学，学曾氏"倡学攻心"之举，决心走教育救国之路。在长沙学习期间，以才学出众著称，与毛泽东结为挚友，毛蔡齐名，同为湖南青年学生的楷模。1918 年与毛泽东等人组织新民学会，立志改良人心风俗。在长沙率先发起留法运动，决意出国留学，曾经赋诗《少年行》以言志，表现了青年蔡和森的恢弘志气与伟大情怀。在北京筹备留法运动期间，蔡和森接触了李大钊等中国最早的马克思主义者，受俄国十月革命和社会主义思想的影响，"崇奉共产主义"，喊出了效法列宁之所为的口号，成为新民学会中的接受和信仰马克思主义的第一人。1919 年他带着母亲、妹妹和女友向警予一同赴法，在法国"蛮看蛮译"马克思主义经典著作，研究列宁建党学说和俄国布尔什维克党经验，独立地提出建立中国共产党的思想，成为党内提出和宣传列宁建党学说和建党原则的第一人。1921 年回国后，蔡和森以其深厚的马克思主义素养和建党理论，留在中共中央协助陈独秀从事理论宣传工作，先后主编团中央机关刊物《先驱》和中共中央机关刊物《向导》、《布尔什维克》等，发表政论文章一百多篇，出版《社会进化史》等论著，成为我国第一代的马克思列宁主义理论家。蔡和森也是中共早期卓越的领导人之一，是中共"二大"至"六大"的中央委员，而且是中共"二大"的中央执行委员、中共"三大"和"四大"的中央执行委员和中央局委员、中共"五大"和"六大"的政治局委员和常委，先后担任中共中央宣传部部长、中央教育宣传委员会书记、中央机关报编辑委员会主任、中共两广省委书记和中共中央北方局秘书长等职务，是当时中共中央最重要的领导人之一，1931 年在香港被捕，后被广东军阀陈济棠杀害，为共产主义理想而英勇献身，时年 36 岁。

蔡和森短暂而光辉的一生，为生活在黑暗中的中国人民找到解放的理论，盗取了中国革命的火种，点燃了马克思主义真理的火焰，实现了他"匡复有吾在，与人撑巨艰"的伟大理想。自从接受马克思主义，确立共产主义理想之后，蔡和森就矢志不移地为之奋斗。正是坚定的理想信念，使他形成了崇高的思想境界和正确的政治立场，使他能够始终保持旺盛的革命斗志，成为一个坚强的共产主义战士。

火给黑暗中的人类带来光明和温暖，蔡和森也是盗火英雄，生活在光明中的人们当永远记住这位盗火英雄。

苦难的童年

(1895—1912)

→ 姓名与籍贯

★★★★★

（0-3岁）

1895年3月30日，农历乙未三月初五日，蔡和森诞生在上海的江南制造局。原双姓蔡林，别名和森，字润寰，号泽膺，学名彬。母亲给他取名和森，意为像参天繁茂的森林，为人类造福。

其实，蔡和森祖籍是福建莆田县，他的十一世祖蔡朝顺在1671年大水灾后，奉母率眷迁居湘乡县永丰镇（今双峰县）。蔡朝顺生子仕职，配朱氏；生女环英，嫁同县的林舒国。蔡仕职的长子蔡开臣，因为无子，就抚表弟林子亦（即林舒国次子）之次子清生为继，取双姓蔡林，"抚若己子，为之教养婚娶，恩义备至"。于是林清生承其祀，以蔡林为氏，世居永丰镇，开设蔡广益酱园，以经营"永丰辣酱"闻名，为当地少有的殷实人家之一。蔡和森祖父蔡隆年承祖业，经营酱店。在太平天国农民起义后投奔曾国藩，升任湘军哨长。湘军裁撤时回乡，仍以经营辣酱为业，曾拥有田地六十多亩，生活颇为丰裕。蔡和森父亲蔡锦鸿在家居长，从小不善读书，长大又不善经商，所承父业不多，不久家业逐渐衰落。1890年，蔡锦鸿利用乃父参加过湘军以及岳家与曾府的瓜葛之亲，带领一家人投奔江南制造总局总办、曾国藩女婿聂缉椝，在江南制造总局谋得一官半职。

蔡和森出生的1895年，中国对日战争惨败；4

△ 上海江南制造总局（今江南造船厂）

月 27 日，清政府与日本签订丧权辱国的《马关条约》。这是蔡和森出生的第二个月。国运多舛，家道不幸。父亲在制造局虽然官职不大，薪俸不多，但是官气很重，架子不小，不仅抽鸦片，娶小老婆，还动辄打骂家里人，由于经济、感情诸多原因，父母彼此隔阂日渐加深。所以在繁华的上海，一家生活很艰难很不平静。但是，在上海，蔡和森看到了工人阶级的痛苦，在江南制造局，也目睹了工人的生活状况，特别是母亲很同情工人疾苦，经常设法周济他们，帮助他们解决些困难，给了幼小的蔡和森良好的影响。

⊙→ 回到家乡

★★★★★

（4 岁）

1899 年的一天，父母亲大吵一场。母亲一气之下，带着 4 岁的蔡和森及其兄弟回到家乡永丰镇，寄居在荷叶塘的外祖母家。

在这里，蔡和森和表兄弟一起在乡村里嬉戏玩乐，或上山采野菜，或下涓水河捞鱼虾，或随邻居放牛，体验到与上海完全不同的童年快乐。他与表兄一起读启蒙的《三字经》《百家姓》《千字文》。蔡和森秉性聪颖，先生教过几遍后便能朗朗上口，很快能够背诵，很受先生宠爱。

不久，父亲辞官回家，在荷叶镇附近的光甲堂买地买房，全家在此定居下来。这一年的 5 月 14 日，妹妹咸熙（即蔡畅）出生，给家里带来喜气。这里的人们引乡贤曾国藩为自豪，最喜欢谈论乡贤"曾大人"勤奋读书的故事，以勉励小孩发愤读书求上进。蔡和森自然也受到这方面的熏陶。母亲多次带他们姐弟到曾氏旧居"富厚堂"去玩，除了看大堂上御赐"勋高柱石"的金字大匾外，主要观看思云馆、藏书楼等与曾氏求学有关的内容，并为他们讲解"求阙斋"的对联"只问耕耘，不问收获"之深意，又以斋内所挂三十二圣哲肖像告诉他们古人发奋求学的故事，启发他们的读书愿望。因此，蔡和森非常敬佩"曾大人"，不过他敬佩的不是当大官，而是当"大学问家"，将来有大的作为。

→ 三年学徒

★★★★☆

（13—15岁）

在光甲堂的几年里，家中连遭变故，先是11岁的二姐从阁楼摔下致死，后是22岁的大哥病逝，接着外祖母病故。1908年蔡和森举家搬回永丰镇。为了维持生计，父亲安排蔡和森的二哥麓仙摆小摊做杂货生意，又送蔡和森到"蔡广祥"酱园当学徒，希望他出师后继承祖业，养家糊口。这样，年仅 13 岁的蔡和森，不得不走上为家人谋生活的道路。

俗话说："徒弟徒弟，三年奴婢。"蔡和森进店后，每天天不亮就起床，先发火生炉子，烧洗脸水，接着打扫铺房，整理货架。天亮之后开门营业，直到天黑关门，不能离开店房一步。每天照例上下门板、挑水、运货、抬辣酱缸等。他背不动沉重的铺板，东摇西歪，有时摔倒在地，常常遭到店主的呵斥和怒骂。蔡和森自小患有哮喘病，身体羸弱，每天要干如此重活杂活，使他更加消瘦，人也变得沉默寡言。他唯一的喜好就是看书，认为只有读书才不受人欺压，所以每天一关铺门，就迫不及待地在昏暗的桐油灯下看借来的书，一看就是两三个小时，有时兴趣所至就看到天亮。开始只是晚上看，后来在白天偷着空闲看。有几次因为影响了生意，遭到店主打骂。有一天晚上，他愤愤不平地在记事本上写道："一家店里两号人，两种态度多鲜明；穷人总是心连心，同族并非一家亲。"一次白天看书时被店主发现，不仅书被扯烂，还挨了一记耳光。蔡和森跑上楼收拾行李，留下"我再也不上你们这里来了！"一句话，就愤然离店。接近三年的学徒生活，就此结束了。

父亲原指望蔡和森"出师"后经商，养家糊口，眼看学徒期满，现在却执意离店，使他的指望彻底落空，气得举起旱烟管要打他，逼迫他回店继续学徒。为此家里引发了一场不小的风波。母亲护着他，劝阻丈夫。经过一番交涉，蔡和森提出去读书的要求，父亲最终勉强答应，但又无能为力，母亲典卖嫁妆，为蔡和森筹集学费。蔡和森的抗争，母亲的呵护，终于结束了奴婢式的生活，赢得自由和读书机会。

近三年学徒生活，锻炼了蔡和森坚强刻苦耐劳的精神，萌发了反抗压迫的意识。近三年学徒生活中的夜学，为他打下了初步的读书认字的基础。

→ 初入学堂

★★★★★

（16—17岁）

1913年秋，蔡和森在母亲的陪同下，到双峰初等小学堂报到上学。因为过去自学打下了一定的文化知识基础，所以直接插入三年级学习。姑父朱静斋受维新思想影响，倾向革新进步，鼓励他多读书，以天下为己任，并常常借书给他看，成为他的启蒙老师，对他早期思想的发展产生了重要影响。

乡下有"八月初一早看天，一年祸福知在先"的说法，永丰镇流传着蔡和森买笔墨的故事。蔡和森在镇上一家笔墨店看上一个"三元"宝字的小香墨，老板听说他才读书不久就能赋诗作对，故意考他说："我拿个出笔给你对，对起了，此墨奉送；对不出来，你就莫想！"蔡和森大着胆子答道："好吧，请老板先做出笔。"老板说："小学生买墨，三元及第。"蔡和森脱口而出："大老板经商，四季发财。"老板翘起大拇指，连声夸赞："好！好极了！真是奇才。"于是，蔡和森买墨的故事在永丰的街头巷尾流传开来。

在学堂里，蔡和森非常珍惜这来之不易的学习机会，读书非常刻苦，他几乎借阅了学校图书室的各种书报杂志，不停地向老师质疑问难。强烈的求知欲也感染了老师。在老师的精心辅导下，他读书更广，尤其是作文进步很大。所以，一学期之后，被推荐越级进入了双峰高等小学。因为蔡和森年纪大，个子瘦高，被同学们叫为"太学生"。在这里，蔡和森读书涉猎广泛，尤喜语文、历史等课，他很注意白话文的写作，写的文章通俗易懂，常被国文老师拿到班上传观。在老师的鼓励下，他学习更加勤奋，经常自习到深夜。夏天热，蚊子叮咬，奇痒无比，家里又没钱买蚊香，于是他就提来一桶水，把双脚浸在水桶里，蚊子咬不着，身子也凉快了，书也读了。他就是用这样的办法驱蚊，来集中精力夜读。

蔡和森也很关注时局变化，他平时沉默寡言，一旦和同学讨论时事，便纵论古今，滔滔不绝，似大河开闸，一泻千里，陈词慷慨激昂，分析很有见地，使同学们为之折服。他还把顾炎武的"天下兴亡，匹夫有责"写成小条幅，贴在自己课桌的左角上，时时鞭策自己。他最推崇年少勤奋好学的范仲淹，还在自己的国文课本上写着"先天下之忧而忧，后天下之乐而乐"这两句名言，勉励自己做范仲淹那样的一代伟人。在这里，受老师的鼓励，加上自己的刻苦努力，蔡和森逐渐养成勤阅读、勤思考、勤写作的习惯。

1912年3月，蔡和森从报刊上了解到一些辛亥革命的消息，对孙中山救国救民历尽艰险、始终不渝的革命精神十分敬佩，认为是自己效法的榜样。中华民国临时政府通告各省限期剪辫之后，受到同乡的同盟会员陈树人剪辫的启示，蔡和森在学校带头剪辫，被人称为"小和尚"。他全然不顾，还是继续劝说同学和家人剪辫。年近五十的母亲在他的鼓动下毅然剪辫，哥哥麓仙也剪辫。在他一家的影响下，剪辫之风在永丰镇流行起来。

万里从师求真理

(1913—1921)

→ 长沙求学

（18—22岁）

　　高小的学习程度，远不能满足蔡和森的要求。到1913年，在老师的启发和母亲的支持下，蔡和森决心去省城求学。

　　春节过后，他同表兄葛光宙从永丰出发，步行一百八十华里到湘潭，然后搭小火轮来到长沙。在选择投考学校时，一位同乡同学介绍了湖南铁路学堂，蔡和森决计试一试。由于没有高小毕业证书，报名遭拒绝。蔡和森据理力争，并详细介绍自学情况，得到校方同情，准许报考。在考试时，各科考试成绩也都优秀，尤其是作文，形式新颖，文笔流畅，论述精辟，见解独特，而且字迹刚秀，书写工整，评阅老师破例记了105分，并插上标记，在评卷老师中传阅。他被作为"优等生"录取。"105分"

的故事，迅速传遍长沙各校，也传到永丰镇。

铁路学堂作为同盟会设立的培养铁路专业人才的基地，也是革命党人开展革命活动的掩蔽处所，充满了革命的气氛。学堂设置的科学与技术课程，诸如数理、建筑、机械、营业等，促使蔡和森投身于实业救国热潮之中。在这里，他广泛阅读报纸，与同学讨论时局，关心政治形势的变化，认识到革命的必要性，产生了对于军阀政治势力的反抗态度。当1913年7月湖南反对袁世凯独裁，宣布独立时，蔡和森曾以"击祖逖中流之楫，挥刘琨待旦之戈，殄灭凶残，铲除专制"的豪言壮语来激励自己，表示讨伐民贼，效命疆场的决心。

8月，铁路学堂停办，蔡和森回到家乡永丰。

9月，湖南公立第一师范扩招两个预备班，学生不收学膳费，还发给津贴，毕业后分配去从事小学教育。蔡和森为之心动，按照校方规定，报考者须先在县里测验并推荐，才能参加统考。于是他到永丰报名，并填上蔡林彬的名字，由县里推荐，以优异成绩考入第一师范。一师校歌云："衡山西，岳麓东，城南讲学峙其中。人可铸，金可熔，丽泽绍高风。多材自昔夸熊封，男儿努力，蔚为万夫雄。"从此蔡和森就把它作为实现自己远大理想而努力奋斗的战歌。

蔡和森爱好古典文学，不仅能背诵《诗经》、《昭明文选》等书中的重要内容，而且写得一手好古文，深受国文教员的赏识。他的文章常在老师、同学之间争相传阅，他们的评价是："和森文章的风格，总跟别人不一样，读他的文章，如有异峰突起之感，如闻戛然有声之音。"因此，在一师范，他以勤奋读书、才学出众著称。

1914 年 3 月，湖南省立第四师范并入第一师范，毛泽东与蔡和森成为同学，两人志同道合，开始了"恰同学少年"的新生活。他们经常在课余畅游湘江，游完后在岸上或坐或睡或赛跑，兴之所至，随意漫谈，主要是探讨"如何改造社会"、"如何使人及全人类生活向上"、"如何为祖国效忠出力"等问题。其时长沙学生称第一师范的毛泽东、萧子升与蔡和森为"湖南三杰"，又称"城南三奇"，就是指毛泽东立志要打平天下不平阶级；萧子升立志要游遍天下各国；蔡和森立志要读遍天下奇书。一师范的同学们则称，"和森是理论家，润之是实践家"。

毛、蔡互相推崇、互相学习。毛泽东阅读《伦理学原理》一书后写了一篇题为《心之力》的作文，受到杨昌济的赞扬，给了100 分。蔡和森很欣赏该文并能背诵出来，还向母亲介绍说："润之兄这篇文章给我的印象很深，我在阅览室里只看过几遍就能背下了。他真是一个很有抱负和卓识的人，不仅是我的益友，而且可为我的良师。"其实，二人的先进思想和富有文采的文章在全校闻名，早已成为湖南进步青年学习的榜样和被社会上所称赞的人物，还远在五四运动以前，在湖南一般先进的青年中就盛称毛蔡之名，而奉之为表率。

蔡和森刻苦读书的同时，设法帮助家人到长沙求学。母亲因与父亲感情不和，也希望到长沙求学。当时长沙新办了一所速成职业学校"女子教育养成所"，专门为女子教育培养师资，只要有高小文化基础的都可以报考，而且学校免收学膳费，学成后有资格任教师。蔡和森打听到这个消息，连续给母亲发两封加急电报，催促母亲快来长沙报名；同时写信详细告知学校的有关情况。在蔡和森的鼓动下，母亲决心离开永丰，同儿子一道去长沙谋独立生活，于是他不顾丈夫的极力反对，变卖永丰的店铺，带着女儿庆熙、咸熙及外孙女刘千昂，到长沙求学与谋生。母亲希望进入女子教育养成所，但报名时，校方以年龄太大为由拒绝，蔡和森多方周旋，不成，一气之下，替母亲向长沙县署写了呈文，指控学校不准公民行使受教育的权利。县署得悉详细情形，在呈文上批"奇志可嘉"四字，并派人通知教育养成所破格录取。之后，咸熙（蔡畅）进入周南女校初级班，庆熙因文化程度较低，先入自治女校缝衣班，后转衡粹女校；刘千昂进入了周南女校附设的幼儿园。随后，蔡和森又帮助妹妹蔡畅考入周南女校音乐体操专修科。这样，一家三代五口同在长沙求学，一时传为佳话。

蔡和森非常勤奋，节约攒下学校津贴，还替学校做抄写等工作赚钱，帮助母亲和妹妹蔡畅读书。

后来，母亲带着一家人住到长沙，在岳麓山下的饮马堂租屋居住。蔡畅回忆说："我们一家之所以能搬到长沙，三代同堂，一起学习，正是和他（蔡和森）共同奋斗、共同进步的结果。不管我们怎样饱一餐饿一餐，对于前途，我们与和森一道，是充满信心的。"

1915 年 4 月，湖南高等师范学校为了矫正近时学绝道丧之弊，采用类似书院的体制，培养文学专门人才，于是设立专修科文学部。这一尝试，被誉为"学界进步之征兆"。1915 年秋，蔡和森考入湖南高等师范学校，编入文史专科，与邓中夏同学。"和森沉默寡言，终日伏案用功；中夏性情豪爽，喜交游，善谈论，温和中带刚毅之气。由于大家课余饭后常结伴出游，接触多，所以很快便成为亲密的学友"。

蔡和森考入高师时，作为新文化运动标志的《新青年》创刊。蔡和森成了这个刊物的热心读者，对每一期文章都反复阅读，还经常和同学讨论上面提出的诸如个性解放、改造国民性以及进化论等问题。他赞同《新青年》对孔子思想的批判，对墨子学说发生强烈的兴趣，尤其欣赏其"兼爱"思想，把墨子所说"兴天下之利，除天下之害"解释为让天下人过饱食暖衣、和平幸福的生活；把"只计大体之功利，不计小己之利害"解释为要使天下人都得到好处。蔡和森阅读《新青年》，不仅了解西方民主政治学说，批判中国传统的政治思想，也获得了基本的世界知识和政治理论，逐步树立了民主革命的志向。

蔡和森学习勤奋是全校有名的，他读书的刻苦程度，简直不

△ 蔡和森在湖南高等师范学校的毕业证书

可想象。如果他有两个铜板，一定只用一个买点东西充饥，留着另一个买书；要是只有一个铜板，他宁可饿着肚子关在房子里读书，甚至一两天不吃东西也不叫苦。他的大部分时间都花在图书馆，借阅了中外有关文史、哲学、自然科学的书籍，尤其对于中外历史感兴趣，先秦的经、传、史、子之书摆满案头，对于一部中国历史以及学术流派，却又能辨判得失，了如指掌。他经常对同学讲，揣摩诗文不算学问，从历史现象中找出能认识今天社会现象的真理，才是真正的学问。因此，他对于社会问题的思考更加深入，对于现实社会问题也极为关心，他提出：作为中国青年应以洗雪国耻为己任，以国家富强为奋斗目标。为此，他编写一份《中国近百年来的国耻史纲》贴在学校大礼堂墙壁上，痛诉中华民族的这段屈辱历史，在学校引起进步师生的强烈反响。

蔡和森经常到长沙西牌楼屈子祠游览凭吊。他非常喜爱屈原的《离骚》、《九歌》、《天问》、《九章》等诗篇，每天清晨，手捧屈原的著作，站在草坪里高声朗读。他也非常熟悉屈原的事迹，对他的爱国主义精神及悲惨遭遇常怀敬仰之心，屈原的"路曼曼其修远兮，吾将上下而求索"，也成为他的理想追求。

1915年6月30日，蔡和森在高师学校毕业。

→ 组织学会

★★★★★

（23岁）

蔡和森毕业时，打算从事小学教育，既可以结交同志，培养人才；又可以广泛阅读书籍，继续深造。他自信小当小效，大当大效。只可惜无人推荐，不得不闲居在家。

1917年秋，蔡和森把全家迁到岳麓山荣湾镇刘家台子住下来，决计一面发奋自学，研究社会问题，一面锻炼身体，为将来的奋斗打基础。

在这里，全家生活拮据，主要靠蔡畅在周南女校任教的每月八元的微薄薪金来维持，有时无米为炊，蔡和森就提一篮子书，到岳麓山上的爱晚亭去看，整天也不回来。他自我解嘲说：饿着

△ 蔡和森旧居长沙河西刘家台子

肚皮去看书，不仅可以领会到废寝忘食的意境，还能磨炼自己的意志。他经常用自己发明的"打肚皮官司"的办法，勤奋读书。

蔡和森规定每日作息时间为：早四时半起床，夜八时半睡觉。四时半起至天马山顶做静坐运动，至九时始下山；十时早食，早饭后看书约两小时；下午或游走各处，或挖土种菜，间或看书；四时半午食，食后静坐，或运动，或散步。每日冷水浴两次，早起后一次，临睡时一次，又于雷雨风烈之时，冒风雨而行，已练习数次，毫无风寒之意。蔡和森坚持锻炼，实行日浴、风浴、雨浴、冷水浴、游泳、爬山等，旨在锻炼意志。他的同学称赞蔡和森"盖锻炼意志锻炼身体者也"，"大丈夫独患无身耳，体强心强，何事不可为？"

蔡和森向张昆弟等同学谈及自己的抱负，他所悬想而循序进行之事：一是中国社会学无专书，准备研究中国社会自古至今之风俗，其间变迁之事实，及不变长存之真理。二是中国无一部完全史书，准备将二十四史通鉴等史书一一考察，以平民社会之事为主，成一史书。三是中国文言不统一，准备研究文言统一之法，以谋社会民智之普及。

在发奋读书的同时，蔡和森也致力于了解社会和改造社会。1918年春天，毛泽东、蔡和森二人沿着洞庭湖，徒步游历湘阴、岳阳、平江、浏阳几县。他们不带分文，穿上草鞋，一人一把雨伞、一条毛巾，带着简单的换洗衣服和文房四宝外出游学，自称是"读无字书"。他们一路游走，白天帮农民干活，晚上给农民送字写信，以解决食宿。有时住庙宿野，山果充饥。一天，他们过田坽时，看见农民踩田，就下田帮助他们踩田，晚间还和农民闲谈，问他们种多少田、交多少租、生活过得怎样，农民围得越来越多。有的要请他们帮忙写信，有的拿来米酒、糯米饭给他们吃，像一家人一样。他们辞行时，农民还恳切挽留。这次游学，也是他们最早的社会调查，从中了解了大量的民情习俗和社会状况，为以后改造社会打下一定的基础。毛、蔡二人的伟大抱负和坚强毅力及吃苦耐劳的精神，确也令人敬佩。

蔡和森与毛泽东在游学途中，还多次商议组织学会的问题，一致认为，要改造社会，必须集合同志，创造新环境，为共同的生活。蔡和森主张以"新民"为会名，远法《大学》中"大学之道，在于亲（新）民"之意，即鼓励人们革除自己身上的旧习，提高品德修养；近取梁启超《新民是当务之急》对"新民"二字的解释，即"采补其所本无而新之，以建设中国一种新道德，新思想，新精神"，这样"新民"就包含了进步与革命的意义。此议得到大家的赞同，于是正式命名"新民学会"。蔡和森还主张会员条件要严，接触面要广；强调只有组织有力的学会，才能打破现存教育界、学术界的沉闷空气。这些富有建设性的意见，对于创立新民学会具有重要意义。毛泽东根据自己名字三个字的繁体笔画数，用"二十八画生"之名在长沙不少学校张贴了《征友启事》，大意是：今日中国正处于危急存亡之秋，政府当局无一可以信赖，特邀有志于爱国工作的青年组织团体，砥砺品行，储才蓄能，共同寻求救国之道。启事结尾引用诗经一句话：愿嘤鸣以求友，敢步将伯之呼。以如此古雅之意示人，表明所征之友当为不俗之辈。

1918年4月14日，星期日。毛泽东、萧子升、罗章龙等十三人在蔡和森家刘家台子开会，正式成立新民学会，以"革新学术，砥砺品行，改良人心风俗"为宗旨，选举萧子升为总干事，毛泽东、陈书农为干事，蔡和森等五人为副干事。罗章龙特意作诗一首，以志学会之成立。诗云："济济新民会，风云一代英。沩痴盟众士，溁水泛流觥。佳气郁衡麓，春风拂郡城。庄严公约在，掷地作金声。"

新民学会的成立，是蔡和森、毛泽东等人在改造社会方面从思想理论开始向社会实践、政治活动转变的标志。蔡和森对母亲说，三年之内，必使新民学会"成为中国之重心点"，表达了以新民学会为基础改造社会的决心。毛泽东后来在《沁园春·长沙》中写道："独立寒秋，湘江北去，橘子洲头。看万山红遍，层林尽染，漫江碧透，百舸争流。鹰击长空，鱼翔浅底，万类霜天竞自由。怅寥廓，问苍茫大地，谁主沉浮。携来百侣曾游，忆往昔峥嵘岁月稠。恰同学少年，风华正茂，书生意气，挥斥方遒。指点江山，激扬文字，粪土当年万户侯。曾记否，到中流击水，浪遏飞舟。"这正是他们当时长沙求学和"挥斥方遒"的写照。

➡ 向外发展

★★★★★

新民学会成立后，大多数会员面临求学和就业的问题，于是首先讨论会友出路的问题，最初决定派人去日本留学。

4月的一天，会友在长沙北门外平浪聚会，为罗章龙赴日留学饯行。毛泽东题诗云："云开衡岳积阴止，天马凤凰春树里。年少峥嵘屈贾才，山川奇气曾钟此。君行吾为发浩歌，鲲鹏击浪从兹始。洞庭湘水涨连天，艨艟巨舰直东指。无端散出一天愁，幸被东风吹万里。丈夫何事足萦怀，要将宇宙看稊米。沧海横流安足虑,世事纷纭何足理。管却自家身与心，胸中日月常新美。名世于今五百年，诸公碌碌皆余子。平浪宫前友谊多，崇明对马衣带水，东瀛濯剑有书还，我返自崖君去矣。"

5月，蔡和森和萧子升得悉北京发起留法运动的消息，在楚怡学校日夕筹议，最先在长沙发起学会的留法运动，于是召集会员开会讨论，认为留法一事很有必要且应尽力进行，决定蔡和森和萧子升专门负责进行之责，委托蔡和森先期赴京，全力组织勤工俭学事。这是新民学会"留法勤工俭学运动的真正开始"。

6月，蔡和森走出湘关，来到新思想、新文化运动的中心北京，筹办会友留法运动计划。在北京，蔡和森通过他原来一师范的老师杨昌济介绍，会见了蔡元培，得知他们在组织留法勤工俭学，正谋网罗海内人才。蔡和森认为他自己与毛泽东、萧子升有进大学之必要，以大学为"可大可久之基"。他组织留法勤工俭学运动也以学会名义进行，他对毛泽东说："窃意吾会须八表同营，以一人之忧共诸天下，以天下之忧纳诸一身。其入手办法，则自会友相互间为始。诸自有志以上，即当忠为之谋，解其一人内顾之忧力智力，以利用于共同大目的之上，夫然后天下事始可为也。"

在北京，蔡和森与华法教育会负责人取得了联系，也与社会主义先驱陈独秀、李大钊等有所接触，受社会主义和十月革命的影响，他的思想霎然猛觉。他从历史研究中得出"不常变之真理"，曾赋诗一首云："君不见，武王伐纣汤伐桀，革命功劳名赫赫。又不见，詹姆斯被民众弃，查理士死民众手。路易十四招民怨，路易十六终上断头台。俄国沙皇尼古拉，偕同妻儿伴狗死。民气

△ 毛泽东

伸张除暴君，古今中外率如此。能识时务为俊杰，莫学冬烘迂夫子。"在给毛泽东的信中进一步讨论手段与目的，表达了鲜明的善恶观："弟意现在当得一班正人立恶志（杀坏人），说恶话，行恶事，打恶仗，争恶权，夺恶位，加入恶界，时时与恶为缘，时时与恶战，时时与恶和，操而纵之，使自我出，支而配之，使自我生，演而进之，使自我发；然后将万恶纳入袖中，玩之掌上。"信中力劝毛泽东来北京，提出要在湖南广泛发动有志者赴法，"将青年界全省煽动，空全省之学子来京"，造成留法的大形势。还建议与湖南省教育会长联系，在长沙组织预备学校，顺应赴法勤工俭学的要求。1928 年 7 月蔡和森所撰《向警予同志传》也承认：新民学会"倾向于革命的社会运动，听说法国有几万华工——欧战中去的，又有所谓'勤工俭学之可能'，于是号召同志冒险赴法。"

在蔡和森反复劝说下，8 月 15 日，毛泽东、萧子升等二十多名准备赴法的青年从长沙起程，19 日到达北京，使留法运动初具规模。华法教育会称赞说："蔡君居省城久，对于各校学友相识甚多，一纸到湘，影响很大。"于是，为湖南青年开办专为勤工俭学学生学习的预备学校，实际推动了留法运动。蔡和森以极强的组织和宣传才能，为湖南青年和新民会友赴法事宜奔走呼号，出力甚多，收效甚巨。他不仅是湖南留法运动最早发起者之一，也是在北京最出力最顽强的主要组织者之一，为推动湖南留法勤工俭学运动作出了重要贡献。

蔡和森在河北蠡县布里村，给到北京的具有初中以上文化程度的湖南学生举办初级预备班，一面学习法语，一面学习做工的技能。蔡和森则一面教国文，一面学法文，同时负责管理学员的思想、学习和生活。他经常给大家读报，讲时事，宣传十月革命，揭露帝国主义侵华罪恶，被同学称为"马克思主义启蒙教师"。

蔡和森随身带着许多墨子的书，在国文课上也讲过墨子的问题，他赞成墨子的为人和主张，以墨子为模范。在致毛泽东的信中说："果为君子，无善不可为，即无恶不可为，只计大体之功利，不计小己之利害。墨翟倡之，近来俄之列宁颇能行之，弟愿则而效之，虽于兄意未有当，亦聊以通其狂惑耳。"他大胆地崇信墨子"兼相爱，交相利"的大同主张，把"兴天下之大利，除天下之大害"作为自己的奋斗目标，还用墨子"假借"俄国的列宁，喊出了"吾人之穷极目的，惟在冲决世界之层层网罗，造出自由之人格，自由之地位，自由之事功，加倍放大列宁与茅原华三……之所为，然后始可称发展如量。"不过，蔡和森在接受马克思列宁主义以后，认为列宁比墨子更光辉更伟大，列宁在苏联实行的思想比墨子学说更彻底更广泛更深刻。之后就很少谈及墨子，而是谈论十月革命、布尔什维克主义和劳农专政等。

当时，我国有些报纸辱骂列宁，攻击苏俄革命是"洪水猛兽"，诬蔑布尔什维克是"过激党"。蔡和森则逆流而上，对列宁、苏俄革命和布尔什维克党大加赞扬，明确表示"崇奉共产主义，承认苏俄为世界牺牲"。蔡和森在五四运动以前就开始接触和研究马克思主义和俄国革命经验，表达了效法列宁的愿望，也是新民学会中最早接触和接受马克思主义的会员之一。

→ 参加五四运动

（24 岁）

5 月 4 日，北京爆发了学生反帝反封建的游行示威运动，中国的革命政治斗争遂开新纪元。李富春等保定留法预备班同学响应五四运动，推选四个代表到北京联络并参加天安门请愿；回校后在保定也组织了学生联合会，做了许多响应北京学生的宣传、募捐工作。

6 月 27 日，蔡和森带着贺果、唐灵运、陈绍休等人，与北京法文专修馆的同学一起参加示威请愿活动。他们举着白色的长条刀旗，上面写着"收回山东青岛，要求拒绝签字"的标语，游行到总统府所在地新华门前，要求政府给予明确答复。他们在新华门前坚持了一天一夜，晚上露宿在那里，条件虽然艰苦，但是大家情绪饱满、斗志昂扬。这场斗争对于促成五四运

动的胜利是起了积极作用的。6月28日巴黎和
会闭幕，中国代表拒绝在和约上签字。

　　蔡和森参加五四运动，是他由探求革命真
理向投身革命实践的一次重大飞跃。对此，李
立三在《纪念蔡和森同志》中说："当时毛、蔡
两同志同时肄业于湖南第一师范，即感于政治
的腐败，社会的黑暗，国家之危急，而极力提
倡革命思想，以图挽救。他们共同发起新民学
会以团结青年，创立《湘江评论》宣传革命主张，
组织文化书社传播各种新思想的书报，并为与
一切先进青年接洽之机关。在五四运动这一时
期，湖南成为革新运动的策源地之一，实以毛、
蔡两同志的功绩居多。"

→ **举家赴法**

★★★★★

（24岁）

　　在筹办留法运动过程中，蔡和森远涉重

洋探求真理的决心更加坚定了，但是他几次推迟赴法行程，主要是想带母亲和妹妹一道赴法。他委托先期赴法的萧子升调查女子赴法的有关事宜，萧子升来信告知女子留法可以进行，建议新民学会由蔡畅出面，发起湖南女子赴法勤工俭学运动。于是，蔡和森动员母亲和妹妹一起赴法求学，以激励更多女子冲破封建桎梏走上自我解放的道路，进一步推动湖南留法运动。之后，他奔走于师友之间，解决了母亲和妹妹以及女友向警予的护照和路费问题。

母亲起初心存顾虑，说："我已是年过半百的人了，哪有老太婆出国的事！"蔡和森说："你有很好的刺绣手艺，这是勤工的一项重要手段，要担心啥呢？再说，老当益壮嘛！你去法国勤工俭学，岂不是成了中国第一位到外国留学的老学生了！"母亲还说："我年纪大了，去了恐怕回不来了。"蔡和森鼓励说："母亲你想想，一个中国老太太，不远万里去外国求学，寻求救国的真理，这是别人做不到的，是值得人们尊敬的。你老人家身体还好，不要顾虑；即使有什么意外，真的回不来了，那也是有意义的。黄土处处好埋人的嘛！将来法国人，还有从祖国来的人，都会到你坟上凭吊，纪念你这个爱国进步的老妈妈的。"听了这番话，母亲会心地笑了，表示不管一切，坚决跟着儿女一起走。

12月初，蔡和森与母亲、妹妹及向警予在上海候船赴法，毛泽东从武汉绕道来上海，为他们送行。在候船时，一些青年学生衣食不继，又迟迟不见赴法轮船，对赴法前程心存疑虑。华

△ 蔡和森乘坐的法国邮轮"央脱莱蓬"号

法教育会的吴稚晖在介绍了法国方面的情况时，说到法国生活用品昂贵，华人难谋职业，犹如给他们泼了一瓢冷水。蔡和森站出来，鼓舞学生们说："勤工俭学当然是苦，没有苦，就不叫勤工俭学。

△ 蔡和森等人上船情形

　　如果认为到外国去是享福，那是白天做梦。苦也好嘛，可以磨炼我们的意志。为了挽救中华民族而吃点苦，我们心甘情愿！"蔡和森的一席话，把大家的情绪稳定了下来。之后，他和母亲商议，向和他家有亲戚关系的资本家聂云台借 600 块银洋，部分用来解决赴法同伴的困难，稳定了大家的情绪。

　　21 日，旅沪湖南学生会假南洋公学开会欢送湖南留法学生。在学生会致欢迎辞后，蔡和森致辞说："今日蒙诸君欢送，感甚！我辈此次往法，必奋力自勉，改造自己的思想及学问，方无愧于诸君厚意。"

25日，蔡和森一行在杨树浦码头登上法国邮轮"央脱莱蓬"号，起程赴法。聂云台以及留法俭学会、全国各界联合会和环球中国学生会的代表和上海新闻界人士等前往送行，欢送场面十分动人。一家两代同时赴法，一时传为美谈。罗章龙作送别诗一首，云："雪月映西山，冰封渤海湾。围炉忻笑语，别意动燕关。徒倚双轮功，踟蹰落日阑。车书观万国，海上有书还。"刘清扬在1958年回忆说："当时和向警予同志在一起的有蔡老太太、蔡和森同志与蔡畅大姐。看到这远行的全家，尤其是蔡大姐的母亲，以五十多岁的高龄，竟有追随全家出国求学的壮志，更格外使我敬佩。"蔡和森到法国后给家里写信，提出父亲和大哥也来法国，还希望姐姐带外甥一同赴法，还为他们准备到沪学习费用。长沙《大公报》刊登这封家信，特加以按语说："蔡君系高等师范毕业生，去岁偕其母（年已四十余岁）及其妹赴法留学。来函尚欲其父兄姊全家赴法。可见其志趣之远大。"《大公报》赞誉蔡和森母亲之赴法求学举动，说："近来吾湘学界向外发展的势力很大，其中我们最佩服的还有两位，一是徐君懋庸，一是蔡君和森之母，都是四五十岁年纪的人，还远远地到法国去做工，去受中等女子教育，真是难得哩！"

蔡和森不畏艰辛，举家远涉重洋求学的决心和远见卓识，令人深表钦佩。因此，他的母亲成为一个有知识的新女性，妹妹蔡畅在他的帮助和教育下成为党的主要干部，女友向警予成为党早期的主要领导人之一。这是一个令人羡慕的革命之家。

→ 向蔡同盟

★ ★ ★ ★ ★

（25 岁）

经过三十五天的海上航行，蔡和森一行于 1920 年 1 月 30 日抵达法国马赛。在漫长的航行中，思想和学术问题的论辩，使向警予开始抛弃教育救国的思想，倾向共产主义。共同的革命理想，更使蔡和森和向警予两颗青春火热的心跳动在一起，开始发生恋爱关系。

2 月 2 日，他们抵达巴黎。

按照华法教育会的安排，向警予、蔡畅进入蒙达尼女子公学。蔡和森因病未入学，一面锻炼身体，一面自学法文，主要是在公园借助字典看报纸。他的勤奋感动了公园的一位管理员，这位管理员主动要求担任他的法文辅导教师。这种阅报学法语的方法，进展很快，仅四五个月就攻克了语言关，能够翻译、阅读马克思主义经典和各国革命运动的小册子了。他制定的五年研

△ 向警予(左七)等勤工俭学学生在蒙达尼女校的合影

究计划，第一年把法文弄清，把各国社会党、各国工团以及国际共产党先弄个明白，将社会主义、工团主义、无政府主义加以研究；第二年主要是蛮看报章杂志，第三年后兼习说话和听课。因此，蔡和森刻苦研究马克思主义经典，猛看猛译。在简陋的中学宿舍里，他穿着薄旧的衣服，顶着严重的哮喘宿疾，翻着字典，顽强地反复掂量着每一个字每一句话的分量。他甚至不洗脸，不理发，整天读马克思主义的书，"囚首垢面而谈马克思主义"。艰苦辛勤的努力，带来了丰硕的收获。蔡和森很快找到了社会主义为改造中国的对症之方，明确提出"只有社会主义才能救中国"的主张。他不仅为中国革命找到了马克思主义这一正确理论和俄国革命道路作为中国社会革命的正确道路，而且他自己树立了科学的马克思主义观，也成为旅法学生中系统接受马克思主义理论的先锋，被大家誉为"小马克思"。据郑超麟证实，"当时勤工俭学学生中信仰马克思主义的，谁也没有他那么坚定，研究马克思主义的，谁也没有他那样深刻"。

在共同研究马克思主义的过程中，蔡和森与向警予已有一种"恋爱上的结合"，蔡和森后来也说："警予和森恋爱之后，一切热情集中于共产主义运动的倾向，一到法国遂纠集同志及华工中的先进分子形成这种倾向的组织。"5月1日蔡和森和向警予在蒙达尼举行婚礼。两人将恋爱过程中的赠诗汇编成集，题名"向

△ 1920年5月蔡和森向警予结婚照

蔡同盟"，以示他们在革命征途中互勉共进。两
人的合照是肩并肩地坐着，共同捧着一本打开的
马克思的《资本论》，表明他们的结合，不仅仅是
男女之间爱情上的同盟和信誓，更是革命理想事

业上的同盟，宣告他们已是马克思主义的虔诚信徒。这种寓情寓意完美结合的结婚照片，恐怕是世界上独一无二的。向蔡婚礼虽然简单，却轰动了蒙达尼城。看热闹的、祝贺的，不仅有留法勤工俭学的中国同学，还有许多素不相识的蒙达尼人。"向蔡同盟"，完全是自由恋爱，一时成为佳话。毛泽东对此极为赞赏，认为他们开了一个很好的先例，是大家学习的榜样，说："以资本主义做基础的婚姻制度，是一件绝对要不得的事，在理论上是以法律保护最不合理的强奸，而禁止最合理的自由恋爱……我听得'向蔡同盟'的事，为之一喜，向蔡已经打破了'怕'，实行不要婚姻，我们正好奉向蔡做首领，组成一个'拒婚同盟'。"

60年之后，许德珩为纪念向警予而作《调寄临江仙》，以纪念向蔡同盟之盛事。其中说道："向蔡同盟称盛事，妇女解放当先；丹心一片忆从前，豪情惊世界，革命闹翻天。五十年后悼先烈，抛头颅洒热血；为人民斗志弥坚，精诚贯日月，烈士万千年。"特别作"向蔡同盟"的注解："五四运动后，妇女解放运动极为高涨，向警予、蔡和森二同志亦极为提倡。他们二人互相爱慕，结为夫妻。因提倡妇女解放，不称为结婚而称为'向蔡同盟'。"

→ 建党壮举

（25—26 岁）

随着新民学会在法会员的增加，蔡和森成为领导在法会友的核心，他所在的蒙达尼也成为会员集中地。蔡和森与萧子升、李维汉等商议，邀集散居各地会员来蒙达尼聚会详谈，决议共同及分工读书做事的方针，讨论如何改造中国与世界等问题。会前，蔡和森与萧子升、向警予、陈绍休在萧子升所住旅馆继续讨论俄式共产主义究竟是好是坏的问题。

7月6日，在蒙达尼公学，在法新民会友聚会。

蔡和森提出以"改造中国和世界"为学会的方针，取代原来的"革新学术，砥砺品行，改良人心风俗"，得到大家的赞成。但是讨论中国与世界改造的具体方法时出现了明显的分歧，蔡和森主张组织共产党，实行无产阶级专政，采用现在俄国的革命办法。萧子升认为世界进化是无穷期的，革命也是无穷期的，不认可以一部分的牺牲，换多数人的福利，他主张以教育为工具的革命，为人民谋全体福利的革命——以工会工合为实行改革之方法，不同意俄国式革命，而倾向于无政府主义革命。陈赞周认为现在中国组织共产党较难，李维汉与萧三也加入讨论。李维汉与萧子升的观点基本一致。于是，会议决定对于改造方法未作结论，写信征求国内新民学会及毛泽东等人的意见，同时报告蒙达尼会议情形，希望长沙会友多作这种集会，交换意见，讨论决定。

为期五天的蒙达尼会议是新民学会成立后的一次盛会。大家精神颇凝集，意味也极深长。说不尽的你长我短、人生观、世界主义。大话小话，差不多说遍了，还说不尽各人心中的万一。大家说到兴致浓厚时，一个有一个的模样，一个有一个的特性，大家都是真的，所以无一不觉得可敬可爱。毛泽东回信称："以'改造中国与世界'为方针，正与我平日的主张相合，并且我料到是与多数会友的主张相合的。"学会宗旨的改变是新民学会发展历史的一个转折点，是多数会员在欧洲接触马克思主义和劳动运动后思想发生重大变化的一个标志。

蔡和森在7月蒙达尼会议上提出组织共产党，建立无产阶级专政的主张，但没有被会友采纳。于是，他继续搜集各种重要小册子，拟编译一种传播运动的丛书，向毛泽东谈到：须先研究清楚共产党的原理和方略，现已译共产国际《议院行动》以及列宁等重要文字，拟续译《俄国共产党大纲》。李维汉等人集中阅读了蔡和森从法文翻译过来的《共产党宣言》、《社会主义从空想到科学的发展》、《国家与革命》、《无产阶级革命与叛徒考茨基》《共产主义运动中的"左"派幼稚病》和若干关于宣传十月革命的小册子。蔡和森还与李维汉等人多次长谈，内容包括欧洲革命斗争形势、俄国十月革命经验、布尔什维克与孟什维克

△ 新民学会蒙达尼会议合影

的区别、共产国际的性质与任务、第三国际与第二国际的决裂等等内容。通过阅读和谈话，李维汉等人"深知只有走十月革命的道路才能达到'改造中国与世界'的目的"。

1920年8、9月蔡和森连续给毛泽东写信，全面地提出了符合列宁主义建党原则和建党思想的建党理论。他明确地说："我以为先要组织党——共产党。"强调指出，这个党是"革命运动的发动者、宣传者、先锋队、作战部"，必须采取彻底革命的方法，坚决反对各种改良主义，坚定不移地发动人民大众起来革命，推翻反动统治，把政权夺到自己手里，建设新的社会；必须密切联系群众，成为群众运动的领导者；必须是高度集中的组织，有铁的纪律；必须坚持党员的入党条件。不仅提出了组党的四个步骤，而且指出，无产阶级专政是由资本主义变为共产主义过渡时代一个必不可少的办法。历史证明，蔡和森的建党思想是具有远见卓识的，是符合中国革命实际的，对国内早期共产主义者的建党活动起到了有力的推动作用。毛泽东在1921年1月21日复信，赞同他提出的组建共产党和实行无产阶级专政的主张，并说对他的见地"没有一个字不赞同"。

1921年2月11日，蔡和森在蒙达尼给陈独秀写信，表明自己为极端马克思派，极端主张唯物史观、阶级战争与无产阶级专政。指出马克思主义的骨髓在综合革命说与进化说，马克思的学理在历史上发明他的唯物史观；在经济上发明他的资本论；在政治上发明他的阶级战争说。"三者一以贯之，遂成为革命的马克思主义。"当时以陈独秀为代表的倾向共产主义知识分子与以张东荪、梁启超为代表的社会改良主义者展开论战。蔡和森表示对陈独秀及其主张的支持，陈独秀将此文冠以《马克思学说与中国共产党》在《新青年》第九卷四号发表，并回信表示希望与赞成或反对马克思主义的人详加讨论。

蔡和森是在我们党内提出建立"中国共产党"这个名称的第一人，是我们党内系统宣传列宁建党学说的第一人。蔡和森与毛泽东、陈独秀关于建党的通信，成为创建中国共产党的重要历史文献，也是蔡和森成为党的创建者的历史见证，称为"我国第一代的马克思列宁主义理论家"。

陈独秀与张国焘讨论建党问题时，对湖南和留法学生作了乐观的预测，请毛泽东发动湖南的党组织，海外以留法的勤工俭学学生最有希望。陈独秀与著名的马克思青年学者蔡和森通信，请他在德、法等国留学生中发起党的组织。

蔡和森在法国传播马克思主义理论，还积极从事共产党的组织工作。他在 1920 年秋已同李维汉等商议，准备在 1920 年冬联络在法国的新民学会、少年中国学会、工学世界社等成员共同讨论，在注重"无产阶级专政"和国际主义两点的基础上，旗帜鲜明成立一个共产党。这表明蔡和森接受和自觉宣传马克思主义的国际主义原则，并且作为建立中国共产党的一项重要原则。

蔡和森还试图将工学世界社改造为共产党组织。当时工学世界社有不少人受无政府主义思想的影响，蔡和森常与之朝夕辩论，宣讲中国革命走什么道路的问题。有一次举例说，我们正在这个教室里开会，有人想在这里撒尿——这可以说是自己的自由，但是能不能在这里撒尿呢？当然不能。一个人的行为要受到周围环境的约束，受到

△ 1921年7月蔡和森参加工学世界社会议留影

社会纪律的约束。不受任何纪律限制的自由是不存在的。社员们在哄堂大笑之中接受了蔡和森宣传的马克思主义国家学说。工学世界社在蒙达尼举行会议时，邀请蔡和森出席并讲演"怎样救中国"。在一次谈话会上，蔡和森作了长篇发言，主张无产阶级专政和社会大革命，否认无政府主义为理想的乌托邦主义。他先要向警予、蔡畅把所译《共产党宣言》用大字抄出来贴在墙上，供大家阅读和讨论。然后就组织共产党和实行劳农专政等问题，以通俗的哲理和大量的事实，作了令人信服的发言，纠正了社员们的错误思想。大部分社员表示接受他的见解，赞成马克思主义，实行俄式社会革命。

在1921年7月工学世界社年会上，蔡和森、李维汉等提出"行动纲领"，讨论改名为"共产党"的问题，因为会上引起激烈争论，故"暂时保留"工学世界社原名。这样，工学世界社就变成了共产主义性质的组织和旅法党组织的前身。蔡和森当时虽然没有旗帜鲜明地成立中国共产党，但中共留法组织事实上正在酝酿和形成。随后许多社员转向马克思主义，成为后来旅欧中国共产主义青年团的基础，并有不少人成为中国共产党的干部。

1921年7月，中国共产党在上海召开第一次代表大会，长沙方面，毛泽东、何叔衡出席。1936年毛泽东在回忆建党时说："在法国，许多勤工俭学的人也组织了中国共产党，几乎是同国内的组织同时建立起来的，那里的党的创始人之中有周恩来，李立三和向警予，向警予是蔡和森的妻子，唯一的一个女创始人，罗迈（李维汉）和蔡和森也是法国支部的创造人。"蔡和森虽然没有参加党的"一大"，但他是公认的中国共产党的创建者之一。

→ 组织群众运动

★★★★★

（26岁）

留法勤工俭学学生到法国后，遇到了很多困难，但驻法公使馆、华法教育会推卸责任，于是蔡和森等组织开展了同北洋政府、驻法公使馆、华法教育会的斗争，要求驻法公馆解决留法学生的生活等困难。

2月28日，蔡和森等人组织四百多名勤工俭学学生向中国驻法公使馆请愿，发起向北洋公使馆要求求学权和生存权的请愿斗争，要求答应每人每月给四百法郎四年为限等条件，双方发生争执。结果，法国警察用武力驱散手无寸铁的学生，并将四名学生代表带至警察署，请愿运动失败。下午，请愿学生聚集于华法教育会，蔡和森、向警予等向学生发表演讲，号召他们奋斗到底，以争取"求学权"、"工作权"与"生存权"。这次运动使广大留法学生亲身经历了一次从破产的工读主义走向"社会革命发动点"的马克思主义实践斗争。

1921年6月，北洋政府企图向法国政府借款来购买军火，扩大内战。蔡和森、周恩来、赵世炎等人领导开展了反对卖国借款的斗争，斗争取得了胜利，迫使法国政府宣布暂缓借款。对于这两次运动，何叔衡说："当时，和森头脑清醒冷静、很有主见，态度很坚决，已是一个起领导作用的人物了。"

9月，蔡和森再次组织在法勤工俭学学生抢占里昂中法大学的斗争。里昂中法大学是北洋政府驻法公使馆和华法教育会，以解决在法国勤工俭学学生入学困难的名义募捐创办的。但到开学时，却从国内招收一批富家子弟，对在法勤工俭学学生设置种种障碍，激起了留法勤工俭学学生的义愤，于是发生了"抢占里昂大学"的斗争。9月21日，蔡和森率领一百多名学生冲进里昂中法大学，占领了校舍，驻法公使馆勾结法国当局派遣三百多名法国武装警察包围了学校，以"未经校长许可，擅行入校"、"警厅令出校，抗不遵命"、"未报告警厅经其许可，擅发传单"、"过激党"等罪名，拘捕蔡和森等104名先发队员。将他们拘禁二十多天，国庆日蔡和森组织被拘学生发起绝食。10月14日下午，法国政府武装将他们104人押送上宝勒加邮轮，遣送回国。他们面色饥黄，惨无人色，无不相对而泣。蔡和森告别向警予等亲人，仓促登舟，无行李，无衣服，海程四十余日，受苦过于俘虏。

以工读主义开其端的留法勤工俭学，以被武装遣送回国而告终。但是，他寻找到了中国革命的真理，成为一名忠诚的马克思主义者。因此，他把勤工俭学的终点当做国内革命斗争的起点，准备在国内大干一场革命。

开展党的理论宣传

（1922—1925）

→ 团中央执行委员

（27岁）

11月18日，遣送学生的法国邮船抵达香港。蔡和森、陈公培等人登岸去广州，进行救助宣传和募捐工作，同时找中国共产党和陈独秀干革命。他们会见广东党组织的负责人，得知陈独秀已回上海主持党中央工作，即返香港，乘船去上海。

到上海后，蔡和森由陈公培介绍会见了陈独秀，向党中央汇报了在法国的斗争情况和本人的思想，以及在法国成立旅法党组织的有关情况。中共中央当即批准他加入党组织，介绍人是陈独秀、陈公培，并留在中央工作。从此，蔡和森在中共中央积极从事党的实际工作，同时继续研究马列主义理论，特别是注意把马列主义和中国实际相结合，研究中国现状，探讨中国革命的基本问题。

当时，中国社会主义青年团恢复活动，在上海成立组织，并代行青年团临时中央职权，施存统代理书记，主持团的工作。按照中共中央的指示，蔡和森参与团临时中央兼上海地方团指导工作。

湖南劳工会首领黄爱、庞人铨因为领导劳工运动被湖南总司令赵恒惕惨杀，3月26日团临时中央在上海假法租界霞飞路尚贤堂举行追悼大会。毛泽东、陈独秀、蔡和森等发表演说。黄爱年过花甲的父亲"用生动的事实向各界控诉了赵恒惕的罪恶行径，听众无不痛哭流泪，悲愤已极"。蔡和森代表团中央出席追悼会，并发表演说："黄、庞之死，大家要看清两点：第一点，赵杀黄、庞，赵是一人，黄、庞是两人，外面是一人杀两人，实则是一阶级杀一阶级；第二点，资产阶级何以能杀人呢？因为他有政权在手里；他的法律，他有军队，所以他能杀人。资产阶级一面要无产阶级替他做工，一面又不许无产阶级来反抗，反抗就杀。无产阶级真能反抗，就要全世界无产阶级联合起来，夺取政权。我们夺得了政权，不必杀资产阶级，只要大家公同生产，公同消费，改造现社会不合理的制度，组织合理的制度。"该演说刊登于1922年4月1日出版的《劳工周刊》。这是迄今发现蔡和森自留法归国后发表的第一篇政论文章，也是他在党中央工作期间最早发表的一篇文章，充分表达了他鲜明的马克思主义阶级观点和政权建设思想。

4月4日世界基督教学生同盟在清华学校召开第十一次大会，全国各地掀起反基督教运动。蔡和森成为运动的组织和领导者之一。蔡和森专门论述了宗教迷信与社会改造问题。指出：宗教迷信之所以能存在，固然以无知为基础，但根本的原因在社会组织的不良。所以"仅仅反对宗教，不过是一种消极的手段。我们应该努力于社会改造，作积极的行动"。

5月1日，第一次全国劳动大会在广州召开，蔡和森出席会议。他在《先驱》第七期上发表《中国劳动运动应取的方针》，提出工人阶级争取解放的"唯一的方法，就只有实行阶级斗争与社会革命"，"根本推翻资本主义的私有财产制"，消灭"人掠夺人"的罪恶制度了。中国劳动运动的根本方针唯有"早日在中国实行社会革命，用国际共产主义的资本开发中国的实业"。同日，在《先驱》还发表《法兰西工人运动的最近趋势》，分析比较了法兰西工人运动中两种主要的组织，即从事政治争斗的社会党和从事经济争斗的工团及其发展趋势。

中共中央决定在1922年3月举行中国社会主义青年团代表大会，为此成立筹备会议的组织处，由青年共产国际代表达林与张太雷、蔡和森三人组成委员会，拟定社会主义青年团的纲领和章程草案。团临时中央书记施存统回忆说，蔡和森在其中起了很大作用，不仅参与起草了大会的几个主要文件，而且在会上提出了"反对帝国主义""打倒军阀"的口号。5月5日，中国社会主义青年团第一次全国代表大会在广州召开。蔡和森与张太雷、施存统作为团临时中央兼上海团的代表与会。大会以无记名投票、过半数当选的原则，选举产生团中央执行委员会。高君宇、施存统、张太雷、蔡和森、俞秀松五人当选为中央执行委员会委员。

蔡和森在青年团中央工作期间，担任宣传部部长，主编团中央刊物《先驱》，他所主编《先驱》第八号为《中国社会主义青年团第一次全国大会号》专刊，成为教育宣传团员和各地团组织整顿改组的重要资料。在团中央，蔡和森参与制定了《先驱》发行与管理的管理制度，提议或起草决议

△ 团中央执行委员会委员施存统、俞秀松、高君宇、蔡和森、张太雷（从左到右）

《中国社会主义青年团请求全国各界和各团体援助上海浦东纺织工人书》《本团对于时局应取的方针和态度》《关于地方青年团改组应注意之点的议案》等文件。在团刊发表《批评"好政府"主义及其主张者》《在封建的武人政治下废督裁兵

△ 团中央刊物《先驱》第八号

不可能的铁证》、《基督教徒在政治上的大活动》等一系列有影响的文章。更为重要的是，他在《先驱》上最先提出"打倒国际帝国主义"和"打倒军阀"的口号。蔡和森不仅是青年运动的先驱者，也是青年运动的领袖之一，在中共"二大"当选为中央局委员。

10月30日，蔡和森向团中央提出辞职，到中共中央工作。

⊙→ 党的主要领导人

★★★★★

（27岁起）

1922年6月15日，中国共产党第一次发表对于时局的主张，批判封建军阀的反动论点和资产阶级改良主义者的错误主张，指出解决时局问题的关键是，必须用革命的手段打倒帝国主义和封建军阀，建立民主政治。为此，中国共产党提出联合国民党等革命党

△ 中共"二大"会址之一，上海南成都路辅德里625号

派和团体，建立民主的联合战线，反对共同的敌
人帝国主义和封建军阀。

7月，中国共产党第二次全国代表大会在上海召开，会议的中心任务是制定革命纲领。蔡和森以留法中共支部的代表名义出席会议，因为他深厚的马克思主义理论素养，被推为大会宣言起草委员会成员之一，与陈独秀、张国焘共同起草大会的政治宣言。他们根据列宁关于民族殖民地问题的理论和党内对革命基本问题的探索，在宣言中阐明了中国革命的性质、对象和动力，制定了我党第一个反帝反封建的革命纲领，提出了打倒帝国主义、打倒军阀的战略口号。大会一致通过反帝反封建的民主革命纲领及实现这一纲领所必须的策略思想，指出了要通过民主革命进一步创造条件，实现社会主义和共产主义。这是党对于中国革命认识的一个重大进步。中国民主革命纲领的提出，融注了蔡和森在法国的马克思主义理论探索，也是蔡和森对中国共产党和中国革命的一个重大贡献。

　　7月23日，大会选举产生中央委员和中央执行委员会。陈独秀、张国焘和蔡和森被选为中央执行委员，蔡和森与张国焘分掌"青年运动"，随后负责理论宣传工作。由此，蔡和森走上中国共产党的领导岗位。

→ 主编党刊《向导》

　　1922 年 8 月，中共中央决定发行政治机关报《向导》，指定蔡和森负责编辑工作，宣传中共"二大"的政治宣言，口号是打倒帝国主义和军阀，实行民主革命。

　　《向导》在《本报宣言》中称："现在大多数人民所要求的是什么？我们敢说是要统一与和平。为什么要和平？因为和平的反面就是战乱，全国因连年战乱的缘故，学生不能求学，工业家渐渐减少了制造品的销路，商人不能安心做买卖，工人农民感受物价昂贵及失业的痛苦，兵士无故丧失了无数的性命，所以大家都要和平。为什么要统一？因为在军阀割据、互争地盘、互争雄长、互相猜忌的现状之下，战乱是必不可免的，只有将军权统一、政权统一，构成一个力量能够统一全国的中央政府，然后国内和平才能实现，所以大家要统一……现在本报同仁依据以上全国真正的民意及政治、经济的事实所要求，谨以统一、和平、自由、独立四个标语，呼号于国民之前！"《向导》宣传了党的民主革命纲领，反复阐明反帝反封建的革命思想。

蔡和森在筹备和主编《向导》期间，日以继

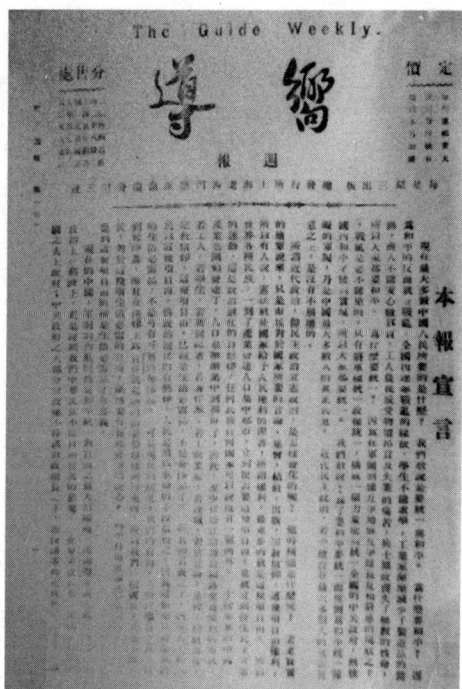

△《向导》刊登的"本报宣言"

夜，废寝忘食，表现出对党的宣传理论工作的强烈责任感和无畏的革命精神。除了担负繁重的组稿改稿任务以外，他还要亲自撰写许多文章。罗章龙回忆说："因为《向导》是党中央的机关报，许多重要的文章都是由和森与陈独秀亲自撰写。和森的身体虽然十分瘦弱，哮喘病也经常发作，气喘得像鸣笛一样，呼吸都显得困难。但他不顾自己的身体，总是夜以继日地工作。他整天坐在屋子里埋头阅读或写作。他常常为了思考一个问题，在房内来回踱步，夜深人静时，仍在看文章写稿子，疲倦了，连鞋子都顾不上脱下，就和衣在床上躺一会儿，一醒来又立即爬起来继续工作。《向导》每一期几乎都有和森同志写的充满革命激情的文章。他所写的文章观点鲜明，文笔流畅，宣传鼓动作用很大。在我们这一辈人中，只要一提到《向导》，就自然地把它与和森的名字联系在一起。他的贡献之大、影响之深，就可想而知了。"

自《向导》创刊至 1925 年 10 月蔡和森出国，他担任《向导》主编长达两年八个月，个人发表约一百六十篇文章，对传播马克思主义，宣传党的民主革命纲领，鼓舞和动员工农群众起来斗争，发挥了重要作用。《向导》创刊后受到普遍好评，被誉为黑沉沉中国的"一线曙光"，四万万苦难同胞思想上的"向导"，成为当时"立在舆论指导地位"的党中央机关报。李立三在《纪念蔡和森同志》中说："《向导》在中国革命中起了极大的指导作用，从数百份扩展到十万余份，在大革命准备时期和大革命时期是真正成了全中国革命的向导"，"和森同志的名字是与《向导》不可分离的"，"《向导》的功绩，正是和森同志在中国革命中表现的极大作用的功绩"。

1923年5月，中共中央开始筹备召开党的"三大"，蔡和森、陈独秀、毛泽东、瞿秋白、张国焘、张太雷等与共产国际代表马林，分工起草各项决议草案。大会的中心议题是依据共产国际的决议，讨论和确定同以孙中山为首的国民党建立统一战线的问题。

在讨论陈独秀代表中共中央作的报告时，大会发生了激烈的争论。瞿秋白支持陈独秀，他不承认中国有明显阶级分化，认为反帝反封建都是全民性质的，无产阶级只是其中一小部分。张国焘、蔡和森、毛泽东极力反对这种轻视无产阶级的论调。其中，蔡和森明确指出："国民党是一个官僚的党，加入去只有使党腐化。"全体党员加入，就会丧失共产党的独立性。他赞成张国焘的意见，认为：工人阶级虽然很年轻，力量还很弱，但它已在斗争中显示了相当力量。这支力量不应忽视。中国共产党没有义务在工人群众中为国民党发展组织。他提出："不能说除国民党外，没有其他的民族主义政党，当然国民党是民族主义政党。孙中山不仅倾向于向军阀妥协，也向帝国主义妥协"，

"建立一个工人政党不是破坏国民运动，而是促进这个运动。没有证据说明在国民运动中不能有两个政党存在。"

马林批评蔡和森说：共产国际执行委员会是国际运动总参谋部。共产国际执行委员会发出的指示应是党必须遵循的命令。而张国焘和蔡和森在讨论时的发言把这些指示忘得一干二净，反倒设法去寻找开展党的工作的可能性。对于共产国际指出的"工人阶级尚未分化为一支完全独立的社会力量"，蔡和森反其道而行之，设想建立一个独立的工人党。

其实，对共产国际的决议和指示，蔡和森是基于自己的理解并结合中国革命实际而表明自己的态度。他并不反对加入国民党的政策，但是坚持对小资产阶级的国民党应采取一种"做生意态度"，不能过分相信，绝不能把工人无产阶级政党的一切工作都交给国民党。蔡和森反对马林将西方革命经验搬运到中国并强制推行共产国际关于国共党内合作的做法，也反对共产国际支持马林而改变中共中央既定的建立民主联合战线的合作形式。他不仅能够独立思考，也敢于提出反对意见，当面批评党的领导人陈独秀，坚决反对国际代表马林及其提出的"一切工作归国民党"的口号。这表明他政治敏锐，洞察力强，坚定地站在无产阶级立场。经过反复讨论，蔡和森改变了原来的看法，服从决议，维护中央团结，接受共产国际的建议，同意共产党员以个人身份加入国民党。蔡和森在大会上虽然是少数派，但是，他既敢于亮明自己的观点，又能顾全大局，以全党团结和党的利益为重，服从党的决议，表现出直言不讳、光明正大的态度，加上主编《向导》成绩显著，理论思想水平高，因此继续当选为中央委员和中央执行委员。

在中央执行委员会第一次全会上，选举陈独秀、毛泽东、蔡和森、谭平山、罗章龙五人组成中央局。推选陈独秀为中央执行委员会兼中央局委员长，毛泽东为中央局秘书，罗章龙为中央局会计，蔡和森仍然主编《向导》，谭平山分工主持国共合作事宜。这是中共中央第一次正式成立中央执行委员会内负责日常工作的常务机构。马林致共产国际执行委员会的信中谈到：在第三次代表大会选举中央委员会时，只有《向导》周报的主编蔡和森留在中央委员会内，他比张国焘等其他四个人好得多。这也是对蔡和森的充分肯定。

6月中旬，为了加强党内组织及宣传教育，中央决定特别设立一个编辑委员会，主持中央的一切机关报的编辑委员会，同时指导各地参与国民党报纸的同志，属中央局领导。蔡和森担任主任。他主持中央一切机关报，坚持原则，积极工作，主要协助陈独秀进行政治理论宣传工作，在中央局内的地位仅次于陈独秀。

《社会进化史》

★ ★ ★ ★ ★

（29岁）

1923 年秋，中共和国民党共同创办上海大学，为革命培养干部。蔡和森兼任社会学教授，讲授"社会进化史"。讲授"社会进化史"的目的在于，用历史唯物主义的观点，系统地全面地解释社会发展的必然规律，以便从根本上提高青年学生的阶级感悟，破除对革命的一些糊涂观念。

蔡和森平时潜心思索，沉默寡言，可是一上讲台，却全神贯注，犹如江海澎湃，一泻千里。他讲课虽然带着浓重的湖南口音，但生动而有趣的叙述，透彻而富有哲理的分析，总能够吸引学生。他对马克思主义理论的阐发，内容深刻，逻辑严密，加上通俗易懂、富有鼓动力的语言，像磁铁一样吸引了很多青年。开始只是社会学系的学生听课，不久其他系的学生陆续来旁听。不仅教室坐得满满的，连窗户外面都挤满了旁听的同学。同学们自从听了蔡和森同志的讲课后，明确了人类社会发展的历史，坚信共产主义一定能实现。蔡和森的讲课像一把打开思想心灵的钥匙，不仅使大家学到了很多知识，更重要的是看到了革命的前途，坚定了革命的意志。上海大学学生的思想面貌焕然一新，

△ 蔡和森任教的上海大学

蔡和森也就成了进步青年的良师益友。

为了搞好教学工作，蔡和森专心编写了《社会进化史》教材。为此，他重新阅读了恩格斯的《家庭、私有制和国家的起源》、列宁的《国家与革命》等书籍，研究了中国和世界各国的历史、现状及其发展趋向，结合当时革命斗争的实际，编写了长达十五万字的《社会进化史》教材，1924年5月整理成书，由上海民智书局出版。

《社会进化史》运用马克思主义历史唯物主义说明了有史以来的社会，由奴隶社会、封建社

△ 1924年5月上海民智书局出版蔡和森著的《社会进化史》

会，再向资本主义社会，最后向社会主义社会和共产主义社会发展的一般进程和规律。马克思、恩格斯发现的这个人类社会发展的一般规律和进程，蔡和森在 1923 年就开始全面宣传论述，是中国当时最早的宣传者之一。通过对社会进化历史进程的考察，说明了社会历史进化的规律，全面地系统地阐释唯物史观的基本原理，蔡和森也是我党历史上系统传播唯物史观的第一人。

1924 年 12 月，中共中央在上海成立党的"四大"文件起草委员会，指定陈独秀、蔡和森、彭述之、罗章龙、瞿秋白为委员，起草大会的各种草案。

1925 年 1 月，中国共产党在上海举行第四次全国代表大会，主要讨论并决定党如何加强革命运动的领导，党同国民党的合作，以及工人运动、农民运动等方面的方针。指出："中国的民族革命运动，必须最革命的无产阶级有力的参加，并且取得领导的地位，才能够得到胜利。"提出了对国民党采取打击右派，争取中派，扩大左派的方针。会议通过了《中国共产党第四次全国代表大会宣言》等十一个决议案。大会修改了党章，选举出新的中央执行委员会，选举出陈独秀、张国焘、彭述之、蔡和森、瞿秋白组成中央局。

为了加强党的宣传组织工作，中央决定蔡和森不再兼管宣传，而与瞿秋白一道专职主编《向导》。考虑到《向导》等党刊的编辑具有政治指导作用，其编辑方针直接由中央议定，不受宣传部的管辖。中央执行委员会第一次会议上，决定如下分工：陈独秀为总书记，领导中央秘书处，主管中央行政事务。中央宣传部主任彭述之，宣传部委员瞿秋白、蔡和森，中央工农部部长张国焘。蔡和森还担任中央宣传教育委员会书记、《向导》周刊主编，继续宣传国共合作和国民革命理论。

→ **指挥五卅运动**

★★★★★

（30岁）

1925年发生的五卅运动，在全国民众中激起了规模空前的反帝爱国热情，标志着中国第一次大革命高潮的到来。蔡和森是五卅运动的最主要的领导人之一。

1925年2月，上海日本纱厂工人为反对资本家殴打工人和无理开除工人，并要求增加工资，连续举行罢工。5月14日，日本资本家突然宣布开除内外棉十二厂工人代表，次日又宣布内外棉七厂停工，不让工人进厂。

共产党员顾正红率领工人冲进工厂，要求复工和发工资，日本人竟然枪杀顾正红。此事激起上海日本纱厂工人的罢工抗议，成为五卅运动的导火线。24日举行追悼顾正红群众大会，赴会的上海大学学生遭到外国巡捕拘捕，并准备在30日进行审讯，这进一步激起上海各界人民的义愤。

中共中央在顾正红被杀事件发生后，多次召开会议，提出指导斗争的方针、口号和策略，并进行大量的宣传和组织工作。5月28日，中共中央在上海紧急召开扩大执行委员会会议，讨论关于学生上街宣传和发动各阶层共同反对帝国主义的问题。蔡和森在会上分析了党的"四大"以来全国工人运动、农民运动和青年运动、妇女运动的形势，指出：为追悼孙中山逝世而进行的反帝反封建的政治宣传，使"打倒国际帝国主义"的口号深入了人心，由顾正红被枪杀引起的全上海和全中国的反帝运动正在发展。这次斗争的得失，将决定着党所领导的人民群众是否能够持续地动摇帝国主义在中国的特权与统治。因此，提出在30日组织反帝示威的斗争策略：党应该不失时机地把上海一地的工人、学生的反帝斗争推向全国各大城市，形成一个全国性的反帝运动。"现在要把工人的经济斗争与目前正在蓬勃发展的反帝斗争结合起来，要使工人斗争表现明显的反帝性质，以争一切反帝力量的援助，同时成为这一战线的中坚。"

蔡和森提出在上海租界组织反帝示威运动，既是援助沪西工人罢工，反对日本资本家屠杀工人，也是为了反击帝国主义者

△ 五卅运动爆发时上海总工会的游行队伍

决定审讯上海大学学生的挑衅行为。他说："5月
30日工部局要非法审讯被捕学生，企图以此恐吓
上海人民，镇压人民的反帝斗争。我们是工人阶
级的先锋队，应当领导本阶级及全体人民，同帝
国主义作针锋相对的斗争。我们分头到工厂学校、
商店去，进一步组织发动各阶层群众，在5月30日，
集结到租界举行反帝大示威，给帝国主义以迎头
痛击。"

　　陈独秀最初认为这是"空泛而不切实际之谈"，
并说："如果在示威时有三五百人参加，便算是我
们的成功，我们能撑出个什么市面。"蔡和森反驳

说："这是一种犯着近视病的观点，没有看到目前正在酝酿着整个革命形势，没有估计到广大群众的情绪，现在进行的反帝斗争，绝不是三五百人，而是三五万人，还要把运动推到全国去。"经过长久的辩论后，蔡和森的建议得到大多数同志的拥护，会议通过了《扩大反帝运动和组织"五卅"大示威》的决议，提出要把工人的经济斗争发展成为革命的政治斗争。决定立即开展宣传组织工作，争取社会各界的支持和帮助，指定方开、侯绍裘、杨贤江、徐伟等九人为宣传报告员，分赴各校活动。会议还决定成立由李立三为总指挥的秘密指挥部，统一指挥这次大示威。陈独秀、蔡和森、李立三等领导了这次反帝爱国运动。

蔡和森也是五卅运动策略的主要制定者之一。5月30日，上海三千多名学生和部分工人组织演讲队，分头到租界各闹区，并散发传单，进行反帝宣传，声援工人斗争。租界巡捕开枪镇压，当场打死共产党员何秉毅等13人，伤者无数，造成五卅惨案。当晚，中共中央执委会再次召开紧急会议，研究决定发动工人罢工、商人罢市、学生罢课，进一步反抗帝国主义的暴行，推动全国的爱国反帝斗争。为统一行动，决定成立上海工商学联合会。蔡和森提出，在目前形势下，必须进一步团结群众，组成浩浩荡荡的反帝大军，实行工人罢工、学生罢课、商人罢市的"三罢"斗争，以反抗帝国主义的暴行。他分析了各阶层的心态，而后指出："现在学生总罢课是无问题的，总罢工也可以逐步实行，现在要用一切力量组成总罢市的实现，以造成全上海市民总联合的反帝大运动。"会议同意蔡和森的意见，并决定由瞿秋白、蔡和森、刘华和李立三等人组成行动委员会，由李立三、刘华等立即公开组织上海市总工会，以加强领导和发动群众，举行全市性的"三罢"斗争。

5月31日，上海工人、学生、市民冒雨进行反帝示威，全市人民投入"三罢"斗争。当晚，蔡和森、瞿秋白、李立三召集产业工会代表举行联席会议，决定进一步展开反帝斗争，由瞿秋白、李立三、蔡和森组织行动委员会，立即成立上海市总工会，并宣布从6月1日起，全市工人为反对帝国主义大屠杀而举行总同盟大罢工。

6月1日，上海人民长期以来郁积的对外国帝国主义侵略的仇恨，像火山一样喷发出来，转化为声势浩大的反帝国主义示威游行。二十万工人举行政治大罢工，学生纷纷罢课，商人罢市，"三罢"斗争的目标终于实现。当晚，党中央召开紧急会议，蔡和森提出："在上海应当马上成立工商学联合会，成立这一反帝运动的总的领导机构，以巩固和发展这一运动，坚持长期的斗争。同时，要马上把运动扩大到全国去，这就是我们最近几日的任务。"在中国共产党的领导和推动下，五卅运动的狂飙迅速席卷全国，民众运动一直波及于穷乡僻壤。各国无产阶级和进步组织也表示同情和支持，使这一运动成为具有国际影响的反帝斗争。李立三评论说：只有马克思列宁主义的革命家，才能正确地估计客观形势与主观力量，而提出战略计划和实现这一战略的策略口号与

△ 广州各界声援五卅运动的示威游行队伍

组织形式，和森同志在五卅运动中的领导，正表现了他是这样的马克思列宁主义的战略家。

6月5日，中共中央执委会发表《中国共产党为反抗帝国主义野蛮残暴的大屠杀告全国民众书》，号召把兴起于上海的反帝爱国运动引向全国，号召全国各种被压迫阶级的群众坚持到底地来维持并发展这个长期的民族斗争。为了把这场斗争推向全国去，蔡和森在《向导》第 117 期上刊登《告全国民众书》，很快地就把这场斗争发展到了广州、香港等城市。

在五卅运动全过程中，蔡和森在运动前夕进行反帝宣传，为反帝爱国运动制造舆论；在运动中参与指挥与决策、起草文件，提出运动的方向、目的和策略；而且参加工人大会，具体指导工人运动。蔡和森还与陈独秀抗争，使陈独秀思想发生转变，并且共同正确地领导了这场运动。因此，在五卅运动中，充分体现了蔡和森领导工人运动的卓越才能，是党的早期著名的政治活动家。

6 月初，蔡和森因领导五卅运动过于劳累，哮喘病和胃病复发，由中央安排去北京西山疗养，《向导》由彭述之担任主编。

出使共产国际

（1925－1927）

→ 《中国共产党史的发展》报告

★★★★★

（30岁）

1925年10月下旬，中共中央决定派遣蔡和森与向警予、沈泽民、李立三为代表，赴莫斯科参加共产国际第六次执委会扩大会议。

11月23日，蔡和森抵达莫斯科。

在共产国际东方部的推荐下，应中共旅莫支部之邀，蔡和森为东大中国班的学生作了《中国共产党史的发展》的报告，系统地回顾了党的"一大"到"四大"这段不长但丰富多彩的历史，分析了党产生的历史背景，考察了党在中国民主革命各时期中的斗争历史，捍卫了党的正确路线，批判了党内曾经出现过的各种错误思想倾向，同时他也为我们展示了中国革命的性质和前途，明确指出了摆在我党面前的问题和任务。

报告分析了党产生的主要原因，一是中国产业的发展，便有了工人阶级的发展，为中国共产党提供了阶级基础；二是工人运动的发展，工人由不觉悟到有觉悟，开始形成初步的组织；三是五四运动的影响，中国工人阶级已走到反对帝国主义的政治斗争路上来，因而工人阶级的政治斗争必须要有政党来领导。此外，还有一个主观条件，即是无产阶级知识分子的形成。他们开始办报纸，组织团体，"到民间去"，做工人运动，与工人阶级相结合。初

△ 中国共产党第六次全国代表大会会址

步分析了中国共产党是马克思主义与工人运动相结合的产物，是对党的产生的一种历史的科学的认识。

报告指出中国共产党的历史使命，就是在半封建半殖民地社会里，领导工人、农民、小资产阶级、土著资产阶级，把民族民主革命进行到底；而无产阶级的真正解放，是应该夺取政权，建立新的阶级专政的国家，建设共产主义社会方能实现。从中国的政治经济的状况看来，只有无产阶级才是领导阶级，并通过它的政党中国共产党来实现领导。因此，中国共产党的政治责任是领导中国人民彻底完成资产阶级的民主革命，直到完成无产阶级的社会主义革命，最终实现共产主义。无产阶级为了完全解放，必须组织自己的政党。无产阶级的政党不仅要有好的组织，好的政策，尤其要有革命的理论来把思想统一，然后才能领导革命走上正确之路。但是党的理论只有在斗争中才能形成。马克思列宁主义是世界各国无产阶级理论武器，但应当用到本国实际中去，制定出适合客观情况的政策和策略。党的革命理论要在同各种机会主义作斗争的长期过程中才能形成和发展。这里实际上提出了马克思主义中国化问题和形成"党的理论"的历史任务。

在谈到党内政治生活问题时，蔡和森详细介绍了党的"二大"、"三大"、"四大"的政治背景，介绍了历次会议的内容和决议，总结了期间各地政治大罢工和五卅运动的经验教训，着重批判了党内"左"、右倾观点，并指出这些错误观点的来源与主要表现。

总之，这个近五万字的党史报告，是中国共产党的第一部党史，是我党领导中国革命的真实记录和总结，为研究我党早期历史提供了宝贵的资料。

→ 与共产国际抗争

★★★★★

（30 岁）

2月5日，斯大林接见蔡和森等中共出席共产国际执行委员会第六次扩大会议的代表，了解中国革命情况。

在共产国际执委会主席团举行第六次执委扩大会的准备会上，有人认为，中国共产党是革命政党的一个组成部分，同资产阶级作斗争的策略既有特殊性，又有灵活性。建议委托蔡和森起草一个关于中国共产党的这种特殊情况和中国工人运动情况的书面报告。

蔡和森当天开始起草，在10日向共产国际提交了关于中国共产党的组织和党内生活的报告。报告全面介绍了中共"四大"以后，特别是五卅运动前后中共中央和地方组织机构、党内生活、宣传工作、五卅运动、国共两党合作、中共与共产国际的关系等情况。分析了中央组织存在的种种问题及其原因，提出进一步改进组织工作的任务，包括培养党的工作干部，增加财政援助；派更多的有组织工作经验的俄国人到中国来。蔡和森提出：（1）我们应当把我们党建设成为一个真正能够领导革命运动的党，并使它能够随着中国革命运动的发展而发展；（2）中国共产党应当建成为全中国的党；（3）我们不仅应当在有产业无产阶级的地方建立组织，而且应当在乡村建立组织。总之，我们的任务就是必须扩大我们的党，并力求以合法的方法来实现。报告还谈到共产国际与中国共产党的联系及其对中国共产党的领导。他批评共产国际重视国民党、轻视共产党、忽视工农革命运动等问题，指出中国共产党不大感觉到共产国际的领导。在每次政治关头，共产国际没有把主动权掌握在自己手里，我们觉得它总是力图等待这个或那个事件的发展。就国共合作问题，蔡和森希望共产国际予以帮助：一、怎样在左派国民党人的领导下在城乡发展国民党组织。二、需要再次确定国民党组织的性质。三、产业工人加入国民党问题。四、应重新评价与国民党的联合阵线的形式。同时提出共产国际应加强对中国共产党的领导，欢迎共产国际派更多驻中国代表，"不仅要增加其数量，而且要改进其质量"。

蔡和森公开批评共产国际驻中国代表的错误，又诚恳地希望共产国际在中国发生各种事件时作出形势分析和具体指导，以加强对中共的政治领导。说明年轻的中国共产党对于共产国际的严重信赖。作为中共领导人之一，蔡和森热切希望共产国际加强对中共的领导，帮助中共成为"一个真正能够领导革命运动的党"，并且根据共产国际的决议精神制定中共的革命策略。由此，蔡和森从敢于反对共产国际，转向拥护和忠实执行国际决议，这也是共产国际领导体制下年轻的中国共产党处理与共产国际关系的必然结果。

➔ 出席共产国际会议

★★★★★ （30-31岁）

2月17日，共产国际执委第六次扩大全会开幕，蔡和森选举为会议主席团成员。在开幕式上，季诺维也夫在开幕词中赞扬了中国革命，指出中共"已经对具有世界历史意义的中国革命运动起到了决定性的影响"。年轻的中国共产党在这一年里完成了巨大的历史性的工作，最近可以期望它们做出更大的成绩。

蔡和森代表中共向大会致贺词说："同志们！我代表一万多名中国共产党党员和共青团团员，祝贺共产国际执委会的召开。""同志们！中国共产党表示坚信，在共产国际领导下，欧洲工人农民支持下，中国人民必将坚决打击世界帝国主义。同志们！世界帝国主义正伸出自己的魔爪，以便掠夺和压制中国人民，我们准备给他们以致命打击。"蔡和森的发言，引起会场上热烈的掌声。

2月21日，蔡和森在共产国际执委会第六次扩大会议的东方委员会中国分会上发言，详细分析了五卅运动前后中国革命形势和敌我双方的实力变化，展望了中国革命发展三个趋势：一是工人运动和革命力量沿着上升路线发展；二是革命力量正在逐步组织起来；三是中共具有充分的组织力量，以便今后参加革命运动。同时，提出了影响当前革命发展的国民党与共产党相互关系方面的两大难题，请求共产国际研究解决：一是中国共产党早就同国民党建立联系，但迄今为止没有固定的形式，国共之间的关系不很明确，请共产国际使其明确起来。二是中国共产党过去与整个国民党一道工作，而现在仅仅同国民党左派一道工作。中国共产党过去还不是群众性的党，而现在已成为群众性的党，现在同国民党的关系到底应当怎样。这样，蔡和森再次将国共关系问题，直接摆在共产国际和斯大林面前，请求他们做出选择和回答。

蔡和森和中国代表团的宣传，引起了大会对中国问题的关注。3月2日，共产国际通过《关于中国问题的提纲》，指出中国问题在现时具有极大的国际意义，提出中国共产党和国民党应当采取的策略是：在争取中国解放的斗争中，一切与反动势力作斗争的力量都要加以利用，必须千方百计地加深资产阶级与封建势力之间的裂痕，不让他们联合起来反对劳动群众；由于不在军事上粉碎反革命，民主力量就不可能取得胜利，因此，必须特别注意军事斗争。共产国际方面的这些指示，是与蔡和森的宣传与抗争分不开的。

会后，蔡和森担任中国共产党驻共产国际代表。其时联共（布）第十四次代表大会刚召开不久，蔡和森以顽强的精神学习俄文，借助工具书逐字逐句钻研斯大林在联共（布）十四大会议上的政治报告。对于斯大林、布哈林反对托洛茨基、季诺维也夫的政治斗争，蔡和森是站在斯大林、布哈林方面的。

1926年11月，蔡和森出席了共产国际执委会第七次扩大会议。扩大会议着重讨论中国革命问题，通过了《关于中国形势问题的决议案》，指出：中国革命的前途是"实现过渡到非资本主义的发展之革命的前途"。"中国共产党应该支持消灭农村土豪和官僚专政的要求，支持用执行革命政府法令并保护基本农民群众利益的革命政权的基层机关代替旧的半封建官僚制度，并应协助农民建立县政权机关"。《共产国际执行委员会第七次扩大全会告战斗中的中国大众书》充分肯定中国无产阶级已开始在民族革命斗争中发挥领导作

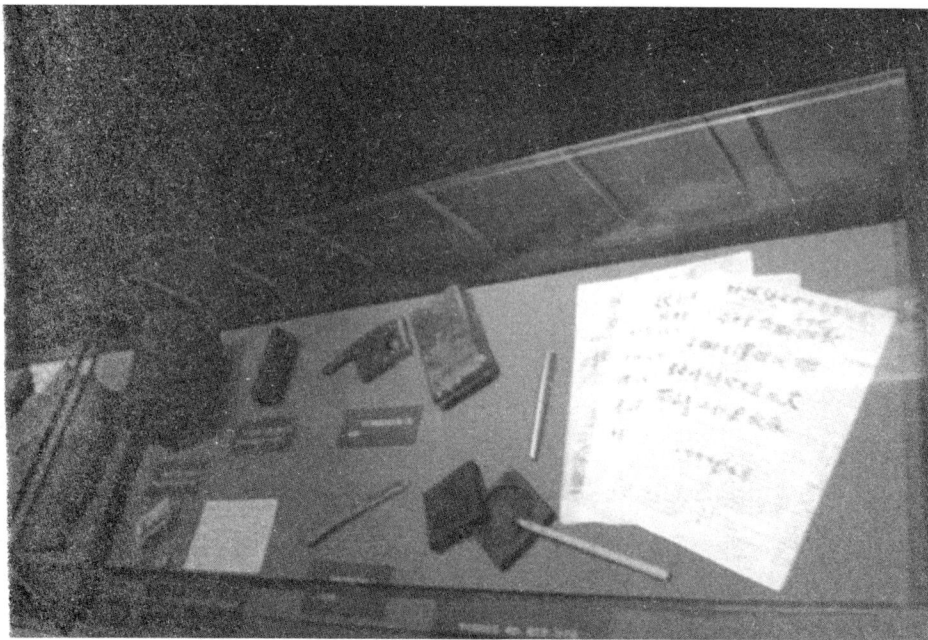

△ 征集到的中共"四大"参加者的相关物品

用，"广州革命政府已走上广阔的全中国舞台，必将成为中国革命的强大因素，因而在整个远东和各殖民地民族解放运动的发展中开辟了一个新阶段"。

12月16日，会议通过《关于中国形势问题的决议》，详细论述了中国革命的形势，指出了中国革命的前途，阐述了农民和土地问题的重要性，强调要巩固和加强国共两党的合作。蔡和森参与讨论现阶段和今后的革命性质问题、工人阶级的领导权问题、对国民党的态度问题、对民族资产阶级革命作用的评价问题等，参与起草该决议草案。他明确表示支持这个决议，说："决不应该认为共产国际决议是打算把俄国革命的方式方法强加于中国，以为第三国际已经决定在中国实行土地革命的想法，也同样是错误的! 事实真相是，中国革命运动本身已达到这样一个阶段，即农民开始没收地主土地；工人要建立他们自己的专政；苦力和店员对他们和主人之间的旧关系提出反抗；妇女要求推翻旧秩序。因此，共产国际制定的决议，并不是从天上掉下来的，也不是出于其主观想象，而是从当时中国的实际情况中推断出来的。"因此，蔡和森积极拥护共产国际关于中国问题的决议，并且支持中共"五大"贯彻执行这一决议。

争取冯玉祥

在莫斯科期间，根据共产国际和中共中央指示，蔡和森利用一切机会做争取冯玉祥、帮助冯玉祥的工作，在巩固和扩大革命统一战线方面取得了显著成果。

5月9日，冯玉祥到达莫斯科，在车站受到莫斯科中山大学学生的热烈欢迎。

蔡和森在冯玉祥所住的欧罗巴旅馆，向冯玉祥及其随行人员作报告，整整三天里，他详尽而精辟地阐述了中国共产党的政治主张和实现国民革命的伟大意义，对他们提出的国民革命的有关问题耐心地一一给予回答。还向冯玉祥讲解马克思主义的理论，阐述了列宁主义是怎样运用马克思主义指导俄国革命，并在革命的实践中进一步发挥和丰富了马克思主义。他批驳了国民党右派高唱的"马克思主义不适合于中国"的谬论，强调国共合作是根据孙中山先生的"联俄，联共，扶助农工"的三大政策所决定的。

此外，蔡和森还派中山大学的中共负责人朱务善和周达人，每周用两个下午，去冯氏住处给他讲解中国革命的问题，如太平天国、辛亥革命失败的教训、中国历史上的农民革命因无革命政党领导而失败的原因等。

之后，蔡和森指派刘伯坚、曾涌泉等人以《前进报》记者身份，拜访冯玉祥，并赠送了一套《前进报》。他们同冯玉祥畅谈了国际国内形势，对国内政局的发展也进行了精辟的分析，并进一步指出如何才能彻底解放工农劳苦大众，建立一个富强的新中国。于是，冯玉祥还要求蔡和森、刘伯坚、朱务善、周达文等共产党人为他讲课。

冯玉祥对蔡和森的渊博知识和先进思想非常敬佩。听了这些报告，他在思想上发生了很大变化，"决心加入国民党，为国民党一党员，以努力于中国国民革命"。冯自称，"对中国 CP 五年来之主张非常满意，对 CP 有更深一层的认识"。蔡和森对冯玉祥"在此进步甚大，颇可乐观"。

冯玉祥在 8 月 17 日离开莫斯科回国时，请求蔡和森一道回国，帮助他做思想政治工作。蔡和森因共产国际的工作暂不能回国，推荐刘伯坚以代。冯玉祥于是向共产国际提出，要求派刘伯坚和他一道回国去主持政治部的工作，获得共产国际同意。刘伯坚遂与冯玉祥以及苏联顾问等一起回国。

9月26日，蔡和森致信李大钊，提出在北方联合各派力量，反对奉系军阀的斗争策略，要求加强国民军中的政治工作。同时传达了共产国际的意见：（一）国民军工作应注意基础的政治工作，不要注意上层组织。（二）党系统与军事系统应分开，国民军政治工作应直隶总司令部下，党代表制暂不设。（三）不要限制冯玉祥职权。并提出初步工作，须处处应用此原则，至将来第二步工作之形式，应看将来具体情形而定。对于冯玉祥提出东大和中大为他准备工作人员四十五名的要求，蔡和森提出，国民军工作人才应注重，一是在国民军本身中养成大批工作人才；二是择一部分在广东工作过的最好分子，这样才不至重踏广东之覆辙。

11月，中共中央作出《国民军中工作方针》的决议，重申了莫斯科所定三个原则，实际上正是采纳了蔡和森的建议。

力挽危局

（1927—1931）

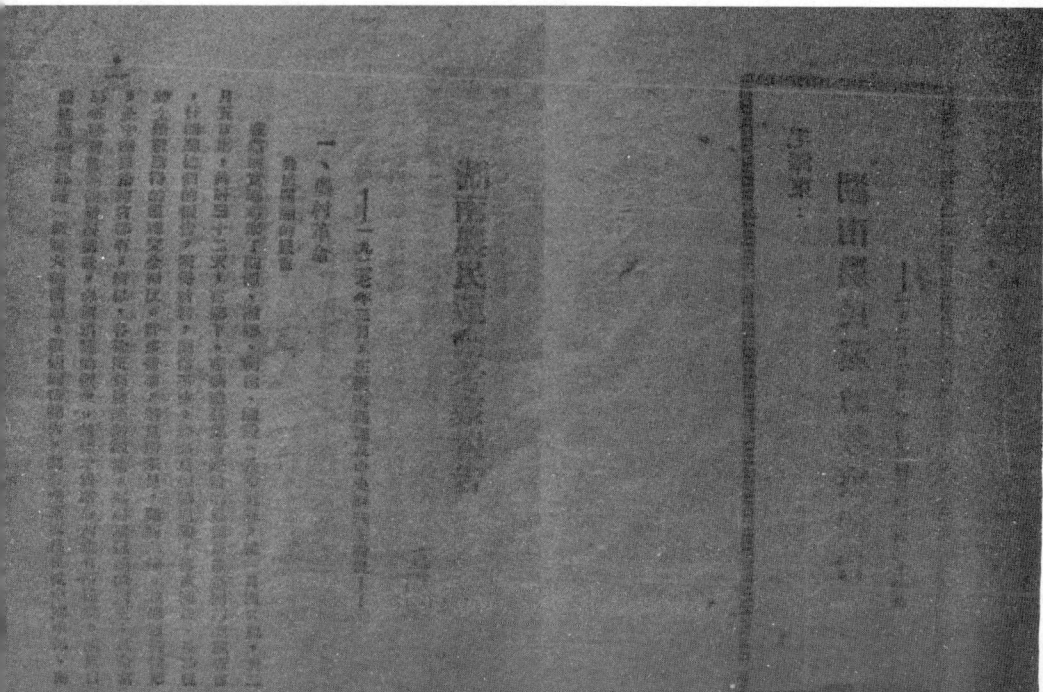

→ 长沙讲演

★★★★★

　　蔡和森在共产国际的出色工作，尤其是对于共产国际执委会第七次扩大会议决议的明确支持态度，赢得共产国际的信赖。在中共内部，对共产国际的决议发生严重的意见，于是 1927 年 2 月，共产国际紧急派遣蔡和森回国，参加中共"五大"，贯彻共产国际决议。

　　3 月，蔡和森起程回国，下旬抵达广州，31 日到达长沙。

　　4 月 1 日，国民党湖南省党部组织农民、商人、学生及工会代表和十万人民在教育坪举行欢迎国际代表罗易和中央委员谭平山的大会。蔡和森以中共中央执行委员的身份，在会上发表了热情洋溢的讲演，对当时的革命形势作了精辟的分析。他指出革命的发展，第一注重的是农运问题。"农运是整个革命的根本问题"，"就历史言，中国历代政变，无不是由农民问题发生"，故"谁能解决农民问题，谁即可以得天下"。第二当注重革命的社会基础。现在革命的社会基础有两方面：（一）农民。（二）资产者。国民党保护资产者抑保护农民，这个路的分歧，关系革命的成败。第三当注重同盟军。革命基础建筑在农民

△ 1927年4月1日罗易、谭平山和蔡和森与湖南省国民党党部代表合影。

上面，工人阶级是真正的同盟军。第四当注重革命武装问题。"根本问题在武装农民起来"，"使农民得到武装，革命基础方不致动摇"。第五应注重革命的经济问题，其中主要是土地问题。"农民问题，即土地问题，亦即吃饭问题，生活不能解决，革命断难成功。解决经济问题，即是解决农民土地问题。"蔡和森关于农民问题的见解，是对共产国际指示精神的宣传。他对农民革命的精辟论述，如同毛泽东后来《湖南农民运动考察报告》一样，对湖南的农民运动起了重要的指导作用。

→ 参加党的"五大"

★★★★★
（32 岁）

4 月 27 日，中共第五次全国代表大会在武昌开幕，出席大会的正式代表 81 人。蔡和森选为大会主席团成员，担任大会秘书长。大会

△ 中共"五大"会议旧址

的中心议题是确定全党在紧急时期的任务和斗争方针政策。与此相适应，蔡和森等人布置的会场，在主席台上并排挂着马克思和列宁的像，旁边墙上张贴着很长的红标语，内容为"工农小资产阶级联盟"、"争取非资本主义前途"等以前从未有过的新的宣传。

　　按照共产国际的要求，中共"五大"由国际代表罗易主持，一切决议都要根据共产国际决议精神来制定。因此，大会的成功与否，取决于中共中央对共产国际决议和新方针的接受、理解与实行程度。当时大多数中共中央委员特别是陈独秀不同意共产国际决议并想避开讨论，罗易担心中共"无法执行时局所要求的新政策"。

　　作为大会秘书长，蔡和森坚持认为，大会的主要任务是接受国际决议，改正过去一切机会主义的政策以及根本的错误观念。他在大会发言时强调，共产国际关于中国革命的新精神基本上是正确的，"最重要的一点就是说明中国革命面临着两条不同的道路，即资产阶级道路和非资产阶级道路，而且比较起来更容易走后一条道路；中国无产阶级和共产党的职责是引导革命走上非资产阶级道路，其主要方法是农民自己实行土地革命。这个决议明确指出中国革命的新时期已到来，在这个时期，资产阶级同军阀和帝国主义者勾结起来后，必定会抛弃革命阵线，走向反革命方面，而中国无产阶级及其政党就要最终在资产阶级和农民之间进行选择，选定后者作为自己的同盟军"。针对彭述之等人所谓国际新方针不合中国实际情形的论调，蔡和森予以驳斥，强调国际新方针是正确的，而中央的某些政策是错误的，应根据国际新方针来改正。蔡和森甚至公开地说："所有五次大会一切决议案的精神都是根据国际决议的，所以五次大会的本身是正确的。如不承认五次大会的本身是正确的，便是不承认国际决议是正确的。"他拥护国际决议的坚决态度，无疑有助于大会接受和贯彻共产国际的新决议。大会上，瞿秋白、李立三、张太雷、毛泽东、恽代英等人也对陈独秀的报告和党中央的右倾错误进行了批评，所以中共"五大"较好地贯彻了共产国际执委会第七次扩大会议关于中国问题的决议精神，制定了正确的原则，但是缺乏具体的措施。

罗易对于共产国际决议没有遭到反对也没有引起严重怀疑，表示非常满意，并乐观地认为："这意味着中国共产党第五次代表大会已经同意共产国际决议案，并由于以这个决议案为基础开始工作，中国革命开始了新篇章。"

△ 中国共产党第五次全国代表大会开幕式会场主席台原样复制

在中央委员会举行第一次全体会议上，陈独秀、李维汉、蔡和森等七人推选为中央政治局委员，又推选陈独秀、蔡和森、张国焘组成中央常务委员会。蔡和森任中央宣传部部长。后又兼任中央秘书长，主持中央秘书厅工作。

从党的"五大"到八七会议前，这是中国革命严重困难时期，蒋介石、汪精卫相继叛变革命，屠杀共产党人和革命群众。这三个多月里，中共中央忙于开会讨论作决定，中央领导很少深入地具体地组织指导工作，他们对形势与任务的认识不太一致，经常发生争论，很难在危急变化的形势下，迅速达成共识，作出正确的决定。因此，对于形势的判断是否正确迅速，对于当前任务与策略是否切实可行，解决问题的措施是否行之有效，都直接关系大革命的成败。在三个多月里，蔡和森作了巨大努力，提出许多重要的正确意见，力图挽救革命危机，使革命沿着正确方向发展。

在蒋介石发动四·一二政变之后，蔡和森力主武装工农，武装反抗国民党反动派。5月17日，夏斗寅在湖北宜昌叛变，并向武昌进攻。蔡和森与李立三提议叶挺及中央军校全部武力立即占领粤汉路，兜剿夏斗寅，若唐生智叛变，则由粤汉路取湖南为根据地，再进攻湖北与广东；发动工农群众起来作战，乘机扩大工农纠察队武装，并开赴前线助战；同时提议积极准备武力对付，以暴动对待暴动。但是，鲁易认为当时的中心问题不是军事问题，而是与国民党左派的关系问题。所以，将夏斗寅的叛变只当做是一件临时的事变去应付。蔡和森、李立三的提议，当时中央只采用了前一半，以致两湖失败。为了扩大工人纠察队，蔡和森曾主张向国民党中央要求发枪及月费。汪精卫等也口头应允，但后来故意推延不发，中共也不去积极要求，以至不了了之。后来鲍罗廷和谭平山甚至参加了武汉国民党中央组织的"马日事变"调查团，指责工农运动"过火"。

在一次中央政治局会议上，讨论郑州攻克之后的北伐问题，陈独秀和李立三主张"东征"蒋介石；鲁易、谭平山要求"南伐"广东；蔡和森则主张解决两湖问题。他指出，北伐是冯玉祥的事，东征是唐生智的事，都与我们无关，我们不要再为他人作嫁衣裳，伐来伐去，依然两袖清风，"我们必须坚定地自觉地来干我们自己的事，来找我们自己的地盘和武力。这便是指摆在我们面前的两湖问题应首先解决"。蔡和森提出所拟的两湖决议案，得到政治局常委与共产国际代表罗易的赞同，在6月6日常委会议上讨论通过，形成了两湖问题决议案，其大要为：（一）坚决号召广大农民群众开展武装斗争，向地主土劣军阀猛烈进攻；（二）自动没收土地；（三）发展农军至五万以上；（四）发展国民党群众至三十万以上；（五）扩大工人纠察队；（六）推翻国民党中央。罗易认为此方案与共产国际的指示精神相符，应按此方针部署工作，于是这个提议被中央政治局通过，并制定了暴动计划，派出大批军事干部赴湘准备暴动。但以后鲁易改了又改，陈独秀及中央还是推翻了这个决定，虽然周恩来与鲁易力争，还是无济于事。

其实，两湖决议案是挽救中国国民革命的唯一正确方案，与共产国际"五月指示"精神完全一致。所谓"五月指示"，指1927年5月共产国际执委会第八次扩大会议通过关于中国问题的决议后，于5月30日给中共中央的紧急指示信，要求发动农民没收土地，实行土地革命。其要点是：（一）农民自动没收土地；（二）武装共产党五万人；（三）推翻反动的国民党中央；（四）组织革命法庭，严惩一切反革命。6月1日，中共中央收到紧急指示，以陈独秀为首的多数中央政治局委员认为共产国际指示不切实际，无法执行；后来迫于共产国际的压力，表面上表示接受，实际上迟迟不去执行。蔡和森则主张执行国际指示，挽救革命。他提出的两湖方案在内容上确实接近共产国际指示，它是蔡和森根据马克思主义关于农民革命理论，正确分析中国农村政治经济发展不平衡的特点而提出的应急方案，他否定了"西北学说"、东征南伐论，注意到了两湖地区开展土地革命的有利条件，也认识到中国革命发展的不平衡性。他提出我党"坚决地自觉地来干我们自己的事，找到我们自己的地盘和武力"。实际上提出了建立党领导下的农民革命武装，用自己的力量巩固两湖，作为土地革命的根据地的军事斗争思想。如果获得中央大多数成员同意，做出决定，认真实行，完全可以建立并巩固由湘、鄂、赣等中小城市为中心的革命根据地，保留更多的革命军队和革命力量。所以，从 7 月 16 日开始，蔡和森连写七封信给中央常委，提议中央召开全体会议决定新方针，发动土地革命，发展革命武装，并申请留在湖南工作。

→ **出席八七会议**

★★★★★
（32 岁）

大革命失败后，共产国际执行委员会作出关于中国革命当前形势的决议，批评中国共产党的现有领导犯了一系列严重的政治性错误，没有根据国际指示发动和领导土地革命。因此必须采取措施立即纠正中共中央的机会主义错误，并从政治上纯洁党的领导。于是指派罗明纳兹代表共产国际来华纠正过去国际代表和中共中央所犯的错误。国际代表到汉口后，宣称中共中央违反了共产国际指示，犯了严重的右倾机会主义错误；严厉主张立即惩罚陈独秀、谭平山、李维汉、张国焘等，立即改组中央。

△ 汉口八七会议旧址

8月3日，中共临时中央政治局常委扩大会议在汉口召开，讨论时局与对策、召开紧急会议的各项准备工作，确定紧急会议的议程。蔡和森对于中央领导成员是完全更换还是部分改组、过去错误中共产国际有无错误等，提出了若干与中央常委不同的看法。会议通过了《关于湘鄂粤赣四省农民暴动大纲》，决定发动武汉工人总同盟罢工，并准备召开中共中央紧急会议，改组中央领导机关。会议决定接受共产国际新的决议，据以制定新的策略，中央政治局应该改组，新的常委应当加入工人分子，实行集体指导。

8月7日，中共中央在汉口召开紧急会议，由李维汉主持，讨论《中国共产党中央执行委员会告全党党员书》、《党的组织问题议决案》等文件。蔡和森在讨论时发言指出：五次大会后的中央不执行"五次大会的中心集中到土地革命"的决议，政治局"完全受了小资产阶级的影响而反对一切过火的运动"。又指出：过去一切错误都无五次大会后的错误厉害，对于这些错误应由政治局负责，并建议党中央将这次的错误要传达到群众中去。建议在改组中央局时，毛泽东进中央政治局，参加中央领导工作，"要求不加自己"。因为是两湖暴动的提议人之一，他愿意去长沙加强湘委工作，担任湖南省委委员。

蔡和森表示："完全同意国际代表的报告及国际决议"，"过去一切错误不能说国际也有错误，应由政治局负担，不然便是掩饰自己的错误。我是过去政治局的一人，我应负此错误的责任"。

会议最后改组中共临时中央政治局，选出瞿秋白、李维汉、

△ 八七会议会议室

苏兆征组成临时中央政治局常委会，并讨论了政治局的分工问题。蔡和森被解除了中央政治局委员职务，是因为中共的许多宣传文件有机会主义的错误，是由蔡和森经办的。也因为蔡和森提出自己不入政治局，增加新人。蔡和森主动承担责任，甚至不承认共产国际对革命失败负有责任，主要是为了坚决执行国际训令，坚决地接受"国际的新方针"。后来李立三也说："在武汉，和森同志主张坚决同意国际代表的意见，他的观点是在组织上的。"

八七会议审查和纠正了党在大革命后期的严重错误，确定实行土地革命和武装起义的总方针，为挽救党和革命作出了巨大的贡献。蔡和森总结说：此会议"救出中国共产党于机会主义的破产之中，挽回了全国工农群众惶惑恐慌的大危机，树立了工农革命苏维埃的新大旗"。中国革命开始由大革命失败到土地革命战争兴起的历史性转变。

→ 北方指导工作

☆☆☆☆☆

（32—33 岁）

八七会议后，中共中央派出许多重要干部到各地指导工作和宣传八七会议决议，恢复和整顿党的组织。根据中央政治局的意见，蔡和森到北方局工作。

8 月 11 日，中共临时中央政治局常委会议讨论了北方局的工作问题，决定：北方局由王荷波、蔡和森、彭述之、刘伯庄、张昆弟和共青团代表一人组成。书记王荷波，秘书长蔡和森，组织部部长王荷波兼，宣传部部长及小报编辑蔡和森兼，军事部部长刘伯庄，北方局与顺直省委同驻天津，管理顺直、山西、内蒙、满洲、山东等地党的组织和工作。会议要求北方局首先应注意整理各省党的组织，并特别指出：顺直因纠纷问题尚未完全解决，王荷波、蔡和森应改组顺直省委，纠纷问题由王荷波、蔡和森全权解决。

9月2日，蔡和森与王荷波一同到达天津，开展北方局机关的组建工作。他们立即传达中共中央关于设立北方局的决定，确定北方局的主要任务是贯彻八七会议精神，改组各级党的领导机关，彻底纠正党内右倾机会主义错误，重新团结和不断发展党的队伍。随后召开北方局成员会议，决定以王荷波、蔡和森、张昆弟等组成北方局常务委员会，王荷波任书记，蔡和森为秘书长，负责日常工作的领导。遵照中共中央指示，北方局着手解决顺直省委问题。

蔡和森为北方局起草题为《关于"八七"中央紧急会议各决议（尤其是反对机会主义）展开党内讨论》的通知，作为第一号通告发出。指出：顺直省委及北方党的工作存在右倾机会主义，北方局重要任务之一是必须根据共产国际及中央紧急会议的精神，尤其是《告全党党员书》，改造北方各级组织，以求在国际及中央紧急会议新方针之下，彻底清查与改正各级机关之机会主义错误，并重新团结党的队伍，领导广大的工农群众继续坚持反帝反封建的革命斗争。通告要求各级党立即组织学习和讨论党的新方针，然后对组织进行改组。还确定了改造各级党组织的方法、要求和实施步骤。

9月22日，中共顺直省委在天津召开扩大会议，北方局书记王荷波主持会议。23日，蔡和森主持改组顺直省委，他首先传达并详细讨论了八七会议精神，批评了陈独秀、彭述之的右倾机会主义错误，提出了彻底改造和整顿顺直各级党组织的任务，而且把实行土地革命，打倒一切新旧军阀、地主、豪绅阶级和资产阶级，发动并组织农民战争，建立工农兵苏维埃政权，确定为北方工作的总方针。改组会撤销了彭述之省委书记职务，由朱锦棠、于方舟、杨春霖、王仲一、吕职人组成常委会，负责省委日常工作，朱锦棠任书记。这次省委改组，不仅接受了国际训令及八七会议的一切新方针，而且把北方局过去机会主义产生的错误及组织上纪律上的毛病发表无余，群众一反此前消极悲观气象，异常兴奋。

蔡和森在改组会上作了关于党的机会主义史的报告，回顾了陈独秀右倾机会主义的历史，剖析了这一错误的实质以及共产国际代表应负的责任。这是对党内曾经出现过的机会主义历史的第一次全面的阐述。报告详细论述了"五大"以后机会主义在党内政治方面和组织方面的表现。在政治方面，首先是没有积极武装工农，以暴动对付暴动，坚决制胜夏斗寅和许克祥的叛乱，而错误地把与国民党"左"派的关系当做中心问题。其次，在郑州会议后对国民党右派一味退让。对于当前危急的两湖反革命叛乱不解决，而高喊"东征"、"南伐"，后来虽通过"两湖决议案"，但又随即取消。再次是对汪精卫、唐生智抱最后的幻想，推行投降主义。第四是推行"逃跑主义"和"散伙主义"。在马日事变后，慌忙处理纠察队，迁移中央机关，既没有周到细致的安排，又匆匆忙忙，形成大混乱。在组织方面，主要表现在党的领导机关的状况和党内生活方面。党的组织在1925年后发展为拥护五万以上党员的群众性的党，但党的领导机关不但没有群众化，而且渐渐养成了一种轻视工人能力不相信群众的习惯。而且随着民主革命的发展，从上而下的领导机关无形中逐渐小资产阶级化、民族资产阶级化。领导机关始终没有吸收一些工农革命分子和工农群众领袖进去。总之，党内产生机会主义的根源主要是少数领导人迷信资产阶级，脱离工农群众。如何铲除党内政治和组织方面的机会主义？蔡和森提出，把党真正改造成为列宁主义的铁的组织、铁的纪律的党，就是实行无产阶级的民主集中制。同时，由下而上的党内讨论尽可能地发展，由下而上的选举制度尽可能地采用，工农同志尽可能地参加领导机关，党内事情尽可能地使党内群众知道，这些都是改造党组织所不可少的。总的说来，蔡和森的报告反映和执行了党的正确路线，对于阐述和贯彻八七会议精神，认真总结党的历史经验，正确进行党内斗争，肃清陈独秀右倾机会主义影响，对于克服当时党内思想和组织的混乱状态，都有重大作用。

1927 年 11 月中共中央在上海举行扩大会议，主要任务是要指明中国革命的性质与前途，提出我党今后斗争的策略，并且要指出根本上重造我们的党，强健我们的党，彻底肃清机会主义，严厉地整顿政治纪律。蔡和森出席会议，向中央汇报了北方局的工作情况，并为会议起草了《北方工作决议案》。中央提议蔡和森任顺直省委书记，蔡和森当时认为省委暂不用改组，周恩来也建议蔡和森斟酌是否有改组必要。最后决定蔡和森仍以巡视员身份去北方指导工作。根据中共中央 11 月扩大会议精神，1928 年 1 月 28 日，蔡和森主持召开顺直省委的第二次改组会议。由于时间仓促，交通不便，只有天津、唐山、京东等几个大工业区的工厂支部代表及农民区域的代表出席会议。会议的主要任务：一是反对机会主义；二是恢复党的建设；三是改变工作方法。会议通过的

《顺直省委关于党内问题决议》指出："彭述之是组织上和政治上机会主义的罪魁。他来后宣传第三党，反对五次大会，宣传中央在两湖的政策太左，只顾工人利益，不顾小资产阶级利益，以致两湖失败；宣传资产阶级还有革命作用。直隶省委自他到后一切组织上及政治上的机会主义及宗法式的积病愈益加甚；北方局来此之时，他极力企图反抗改组。"他对改组不满，就在北京知识分子中组织反对派，反对直隶省和北京市委的改组，反对工人同志的参加，以致此次北京组织完全被破坏，丧失最好的同志至二十八人之多，被捕达数百以上。彭述之为此次惨剧之嫌疑犯，反对分子段纯、刘培均、熊昧根等直接间接在其指使之下。此次改组会议，撤销了陈独秀主义第二号人物彭述之和犯有严重错误的省委主要领导人，对于克服当时党内思想和组织的混乱，起了重要作用。

省委第二次改组后，蔡和森与新省委着手发动工农群众，恢复被破坏的工农革命组织，确定了新的工作方针，其主要精神是：克服右倾机会主义和盲动主义倾向；强调党的政治任务同工农群众的切身利益紧密结合起来，组织群众进行日常的小的但有成效的斗争，不停顿党的日常工作。党目前的任务不是立即大暴动，而是继续准备大暴动，复兴工人运动，发展农民运动。

2月中旬，蔡和森结束北方巡视员的工作，从天津起程回上海。

⊙→ 参加中共"六大"

★★★★★

中共"六大"是唯一一次在国外举行的党的全国代表大会。大会的主题是总结大革命失败以来的经验教训，制定党在新的历史时期的路线和政策。

蔡和森在八七会议上拥护共产国际决议，坚决批判陈独秀等人的错误，获得了共产国际的信任。因此，共产国际通知蔡和森出席中共"六大"。

5月底，蔡和森赶到莫斯科。

6月中旬，斯大林召集蔡和森等部分中共第五届中央委员和六次大会代表谈话，介绍中国革命的形势与任务，发表对中国革命问题的意见，论析了中国革命性质及革命形势、中国革命的高潮与低潮等问题。

6月18日，中共"六大"在莫斯科隆重开幕。出席大会的代表142人，代表全国130194名党员。蔡和森选为大会主席团成员之一。

在讨论政治报告时，蔡和森分析了目前形势与党的任务，针对国际代表、瞿秋白、张国焘、向忠发等对于目前阶段估量的三种不同态度，指

△ 莫斯科近郊中共"六大"会址

△ 此处曾接待过中共"六大"代表,是绥芬河市发展的历史见证。

出现在首先弄清楚的问题，一是什么是革命高潮及革命高潮的条件，二是什么是革命低潮及革命低潮的条件。他指出中央政治报告和瞿秋白的"一直高涨"的分析是不妥的，关于革命潮流一直高涨与直接革命的问题的分析，也是非列宁主义非马克思主义的；瞿秋白报告中的阶级关系分析是不对的，"完全是八七会议以后的不断论的分析，偏于否认敌人的力量和作用，只看见敌人的弱点，没有看见敌人的强点，只有估计了自己的强点，没有估计到自己的弱点。这种观点的分析，是非马克思主义非列宁主义非辩证法的分析"。他指出现在的危险主要是盲动主义。要制胜盲动主义倾向，第一要肃清一切国民党的余毒和传染，即命令群众、党权万能等；第二要肃清不断革命的理论和不断高涨的分析方法。只有这样我们的党才能走上真正布尔什维克的道路。这表明，蔡和森旗帜鲜明地接受共产国际的决议精神，运用马克思主义理论和方法，同时科学地分析了中国革命形势，还对瞿秋白的错误进行了帮助，对陈独秀的右倾机会主义也作了批判。

在讨论农民与土地问题的报告时，蔡和森指出，开展游击战争，由割据到建立红军，瓦解敌人军队，这不仅仅组织农民武装和建立红军，如果游击战争有广大农民群众运动的发展，建立巩固的农村根据地，建立起工农政权，那么夺取城市可以干的。这里已有了"工农武装割据"的思想萌芽，为以后发展成为革命先农村后城市，或由农村包围城市夺取政权的革命发展道路理论形成打下了思想基础，为毛泽东思想的形成作出了重要贡献。他明确反对张国焘所谓唯有全国或数省工农政权建立才能实行土地国有的观点，在当时给革命志士和共产党以一副"清醒剂"，为土地革命的开展提出了宝贵的忠告，为革命根据地建设提供了理论指导。

在会上，蔡和森当选为中央委员和中央政治局委员。在中央政治局第一次会议上，苏兆征、项英、向忠发、周恩来、蔡和森当选为政治局常务委员会委员，蔡和森担任中央宣传部部长，并兼任中央党报主笔。

在"六大"期间，蔡和森得知向警予牺牲噩耗，悲痛不已。在莫斯科写了《向警予同志传》一文，充分肯定了她临死不屈、英勇就义的精神。说："警予的血是流于伟大光荣的'五一'劳动节啊！警予的血是为着中国劳苦群众的苏维埃的红旗而流的啊！这种'惊天动地的事业'，不仅有武汉劳动群众而且有全中国的劳动群众来替这伟大的无产阶级女英雄来完成啊！年年今日——'五一'——不仅武汉的而且全中国的工农群众，都要纪念你临死的号召，并来完成你的号召——武装暴动建立工农兵苏维埃啊！伟大的警予，英勇的警予，你没有死，你永远没有死！你不是和森个人的爱人，你是中国无产阶级永远的爱人！"

→ 革命理论的探索

★★★★★

（33 岁）

　　党的"六大"之后的两年，是中国革命从遭受严重挫折到走向复兴的关键时期。蔡和森因为顺直问题受到牵累，离开中央政治局，但始终以马克思主义的正确态度坚持革命斗争，一面养病，一面继续从事理论宣传工作。

　　1928 年 8 月，蔡和森、李立三等中央政治局委员先期回国主持工作。他首先整理《党的机会主义史》，以"供发展党内讨论之助"，先在莫斯科中山大学中国问题研究所出版的《中国问题》俄语季刊发表，后又在党刊《顺直通讯》上发表，对于全党正确认识陈独秀机会主义错误的危害，起了很好的教育意义。在大革命失败以后，蔡和森全面系统深刻地批判陈独秀的右倾投降主义错误，及时而认真地总结历史经验与教训，这在当时我们党内还是第一人。

10月，蔡和森在《布尔什维克》发表了《国民党反革命统治下的辛亥革命纪念》一文。指出：民族资产阶级国民党在中国革命接近最后胜利的重要关头背叛革命，而与帝国主义、地主阶级结成反革命的联合战线来反对农民土地革命，屠杀彻底革命的先锋军——无产阶级及中国共产党的战士，以致中国革命受了现在这样严重的失败。因为民族资产阶级背叛革命，往后的辛亥革命运动就在于驱逐帝国主义消灭封建地主之外，还要加上反对反革命的民族资产阶级和推翻国民党的统治。只有反对民族资产阶级才能打倒帝国主义，只有推翻国民党统治才能建立真正独立统一的自由的平民式的民主共和国。"中国资产阶级民权革命实际就是农民革命，要求消灭封建地主阶级驱逐帝国主义，只有土地革命彻底深入与扩大，中国这一革命才能达到成功，国民党就在这一革命深入的开始背叛了革命，出卖革命于帝国主义和地主阶级。所以国民党是中国农民的死敌，也就是国民革命的死敌。"

11月，发表《中国革命的性质及其前途》，指出：中国革命是资产阶级革命还是资产阶级性的民权革命，或已转变到无产阶级社会主义革命，"这一根本问题将决定今后革命之一切战术与策略"。他批评"二次革命论"和"一次革命论"，认为中国革命仍是资产阶级民权革命。在资产阶级叛变后，中国革命的性质没有发生变化，仍是彻底的资产阶级民权革命。指出，中国革命是处在世界无产阶级社会革命时期且是世界革命之一部分；中国民族资产阶级背叛国民革命，客观上更有利于中国革命之社会主义的前途。而由民权革命转变为社会主义革命的基本条件是工农民权独裁的苏维埃政权。从理论上说，有和平转变的可能；从实际方面看，不应预先存此和平转变的幻想。只有经常保持与发展乡村无产阶级（雇工）及贫农在农民运动中的领导权，只有不停地提高与发展乡村半无产阶级的阶级觉悟与独立的组织，最后，只有无产阶级能巩固在整个民权革命及工农苏维埃政权中的领导地位，只有在这些条件之下，才能保证将来革命转变的顺利与胜利。针对资产阶级曲解中国革命的各种论调，蔡和森指出：他们的目的与作用不仅在遮盖民族资产阶级及国民党各派的反革命，主要是在民族资产阶级要彻底叛逆中国国民革命，利用这些曲解来贯彻其破坏中国资产阶级民权革命到底。而彻底代表中国革命利益的无产阶级共产党，认为中国资产阶级民权革命的彻底胜利就是以苏维埃为政权形式的工农民权独裁制的彻底胜利，这彻底胜利只有无产阶级领导及联合农民更坚决地反对反革命的组织者民族资产阶级，准备全国的武装暴动推翻豪绅资产阶级国民党和帝国主义的统治才能完成。

由于北方问题，1928 年 7 月 22、23 日顺直省委扩大会议通过《政治纪律决议案》，指出蔡和森代表中央巡视顺直期间，在工作上及主持召集改组会议上发生许多错误，扩大会议认为和森同志之错误应依政治纪律予以处分，特向中央提出建议。中央政治局会议讨论顺直省委领导错误的处分问题，认为蔡和森对顺直省委工作指导犯了"左"倾盲动主义错误，对顺直省委领导错误负有责任。决定：开除蔡和森的中央政治局委员及常委资格，仍在宣传部工作。由李立三接替蔡和森任中央政治局常委，并任中央宣传部部长。11月，中共中央向共产国际提出"开除蔡和森政治局及常委工作"的处分决定，共产国际坚决反对。东方书记处远东部向斯大林等人汇报材料中肯定蔡和森是"党的最积极的工作人员之一"，认为将蔡和森清除出中央政治局的决定违反了中共"六大"的基本组织路线。共产国际执委会远东局也公开批评中共中央开除蔡和森政治局委员的错误做法。由于共产国际的保护，中共六届二中全会没有批准开除蔡和森的决定，但是蔡和森自己提出离开政治局。

共产国际执委会远东局尝试跟中共中央交涉让蔡和森返回政治局，但是向忠发坚决反对，说如果这样做，那会削弱政治局的威信。远东局同蔡和森谈话，蔡和森声明说："我没有工作经验，

117
力挽危局

犯了右的和'左'的错误。听我说：我参加政治局，影响了政治局的工作，政治局的路线是正确的，而我影响了工作，我请求休假。"中共中央政治局同意安排蔡和森去莫斯科治病，1929年初蔡和森从上海动身赴莫斯科，并担任中共驻共产国际代表。

→ 批判陈独秀主义和李立三错误思想

★★★★★
（34—35岁）

蔡和森到莫斯科后，于1929年5月出席共产国际在莫斯科中国科学研究院开展的对陈独秀主义的讨论，他在发言中详细分析了陈独秀主义的产生过程及社会根源，指出陈独秀主义是中国革命运动和工人运动中之机会主义和孟什维克之典型的代表。其发展大致经历了四个时期，即：1923年党的三次大会前后建立他的孟什维克的路线之一般的理论基础，1926年3月事变前后以至武汉时期建立了他的机会主义的实际策略；武汉失败至六次大会时，是他的动摇和消沉时期；1929年中东路事变后达到公开反对共产国际和中共的总路线，由取消主义进到"资产阶级工党"之叛逆的社会民主党地位。指出陈独秀在武汉时期实行机会主义的实际策略，导致了1927年4月上海和广东之大失败。蔡和森强调，"为要充分地制胜党内右倾的危险，现在主要的危险，是必须充分了解陈独秀主义为中国革命中之孟什维克与各种已发生，以及正在发生的机会主义与倾向有密切的思想上的联系"，包括戴季陶主义、彭述之主义、谭平山主义、鲍罗廷主义。与陈独秀主义作斗争的任务，尤其要执行于一切实际工作、群众工作、党的生活及一切目前所发现的各种各色的不正确倾向的斗争之中，一切尾巴主义、黄色倾向、失败情绪、合法主义、和平发展倾向、党内调和倾向、盲动情绪、保守观念、极端民主化等等，如若任其发展都可变成陈独秀主义的支流；随时随地制胜这些倾向，其意义就是制胜陈独秀主义。

年底，蔡和森应邀到莫斯科步兵学校中国俱乐部作报告，批判陈独秀的右倾机会主义，他从党中央对陈独秀错误的处理以及陈独秀的反应、陈独秀主义与托洛茨基主义关系等方面进行分析，从根本上解决了在苏联学习和工作的中国同志对党与陈独秀错误的认识问题。

1930年12月，共产国际执委会主席团听取和讨论李立三的错误。蔡和森出席了会议，批评李立三小团体主义。他首先指出我们党有危机，党的领导机关中仍旧反抗国际路线，运用种种手段，来继续自己的路线。提醒李立三"应当坚决地和两面派的手段作斗争"，"而新起下层代表不是小团体，这是群众代表，他们批评上级的错误路线。他们是救党于危机之中的唯一动力"。希望李立三不但在口头上，而且在实际工作中去掉自己错误的根，执行国际路线；希望李立三真正诚意地说出他所知道的中国的小团体，来帮助国际了解这个问题而彻底消灭小团体的现象。蔡和森在发言中还检讨了自己的错误，表示不但要口头上承认，而且在将来中国实际斗争之中绝对停止这种无原则的小团体斗争。这种自我批评，使李立三很感动，他说："我承认和森同志的说话是完全对的，在党的历史上领导同志的确犯了严重的错误，无原则的小团体的斗争还不算在内。我了解自己的错误之后，我应当完全抛弃它，并且坚决实行国际路线，不仅反对自己的错误，并且反对对我的错误的调和，以及对于国际的两面派的手段。他还检讨了以前自己不正确开除蔡和森同志的政治局委员的错误。蔡和森的言行光明磊落，帮助共产国际和中共党内进一步认识了李立三错误的实质，对此共产国际评价他，既能执行国际路线，又能置身党内纠纷之外。"

7月，共产国际执委会第十次全体会议在莫斯科召开，蔡和森作为中共驻共产国际代表团成员出席了会议。会议通过《国际状况与共产国际的目前任务》决议，指出中国革命浪潮的条件无疑正在成熟，强调右倾的危险现在是共产党内的主要危险，要求加紧反对右倾机会主义的斗争。蔡和森在会上保持极度沉默，不愿发表任何意见，也不向共产国际作任何申诉，甚至反对旁人代鸣不平，仅要求在莫斯科学习一个时期，他也绝不向张国焘和瞿秋白等谈论中共内部的事，甚至不轻易与人来往，终日索居住所，借助于字典，埋头读书。他对萧三说："我们党才十来岁，犯错误是难免的，但共产主义事业必然胜利，马克思主义火种必将燎原世界。"应当说，他对党内出现的"整人"之风是深感沉痛的。但他对马克思主义的学习和运用马克思主义理论思考中国革命问题，是没有间断的。

1930 年 12 月，蔡和森主动向共产国际提出回国工作的要求。出于纠正李立三、瞿秋白错误的考虑，共产国际认为蔡和森忠实于国际路线，同意他回国工作。蔡和森与张闻天、张国焘、郭绍棠等商量后，向共产国际提出去苏区工作。共产国际执委会东方部提议蔡和森加入即将在苏区成立的中共中央局。

在动身回国时，蔡和森邀请马马耶夫同他们进行谈话，参加谈话的有张闻天、蔡和森、郭绍棠和黄平。蔡和森向马马耶夫提出了下列问题：

1. 军阀之间的关系有什么新情况？

2. 中国的国际处境有什么新情况？

3. 到达苏区后的工作从何着手？

4. 应不应该组建"铁军"（突击队、优秀部队）？

5. 红军现在的策略应该是什么样的？

6. 红军会不会被打败？

7. 怎样保存红军？

8. 在哪里可以建立根据地？

9. 怎样提高红军的素质？

10. 应该实行政治委员制还是需要一长制，什么是政治委员制？

11. 是否需要士兵委员会？

蔡和森非常关切这些问题，马马耶夫在回答时特别强调：一是从土地问题开始。因为不正确地解决土地问题，就不可能解决军事建设问题。二是建立军队中的党组织体系；政治委员制；政治指挥人员中的工人骨干；士兵群众的贫农中农成分。在拥有坚强的党政机关的军队中，不要士兵委员会。在交谈中，蔡和森等人还提出蒋介石开始广泛组织绿色游击队，为此给地主富农提供武器，广泛利用"红枪会"、"北极会"、"天门会"等半神秘组织。这不仅说明农村阶级斗争在加剧，也说明武装斗争的武装力量建设问题在复杂化。在这种情况下，正规红军不是唯一的武装力量形式，需要有"农民队伍"，需要有军队式的游击队。

蔡和森的这些问题表明他参加苏区革命斗争的决心。共产国际对他也高度信任，使之同意恢复蔡和森的中央政治局委员资格。

→ **两广省委书记**

★★★★★

（36岁）

1931年1月中旬，蔡和森带着夫人李一纯从莫斯科回国，开展新的革命斗争。一回国，他向中央提出自己没有搞过农民运动和武装斗争，请求到瑞金苏区工作，但中央没有批准，而是任命他为江苏省委宣传部长。

3月，鉴于广东党组织遭到敌人严重破坏，中央决定成立两广临时省委，李富春担任书记，省委机关设在香港。根据蔡和森本人要求，中央决定派他接替李富春担任两广省委书记，以加强对党的工作的领导。临行前，刚从香港回来的外甥女刘昂对他说："那边的情况很糟，实在危险，还是暂时不要去吧。"蔡和森回答："干革命，哪里需要就去哪里，不能只考虑个人的安危。"

5月，蔡和森到达香港，接任省委书记。香港党组织对蔡和森的到来表示热烈欢迎，想方设法为他选择合适的住房，连找几处都感到不大理想，最后交由蔡和森自己圈定。为节省党的活动开支，他和李一纯只在一家罐头公司的楼上租了一间小房子，对外的公开身份是这家公司的职员。这里房子很窄，又不很安全，同志们鉴于环境险恶，革命与反革命的斗争非常激烈，对他的住处很不放心，但蔡和森为了替党节省经费，他没有在附近另租房子办公，一家三口就住在这里。他每天跑一段很长的路到省委秘书那里听取汇报、批阅文件、研究工作，各种活动十分繁忙。每天他不是到省委办公，就是深入工人群众之中了解情况。在极端恶劣的环境下，领导和组织党的地下斗争，进行恢复和重建党的组织的艰苦的工作。同时，他还积极恢复和开展党在各条战线的工作，使工人运动、学生运动、革命文化运动和国民党军队中的士兵运动日益勃兴，并有了相当不错的成效。他到香港不久，广东便出现了有利于革命发展的形势。

蔡和森一到香港，就引起国民党特务的注意。在党的一次秘密会议上，有同志着急地对他说："你是敌人最注意的人物，而且被捕的同志中，可能有意志不坚定的人，你的处境太危险了。不如离开香港，到上海要求党中央另派同志来工作。"他回答："确实我的处境有困难，可是，唯其这样，我更不能离开……大风大浪的时刻，一定要沉着，镇定，香港是我党的重要据点，许多重要负责同志牺牲了，我的离开，又少了一份力量，也会叫工人们失望，我决不能离开。"更为危险的是，曾经是中共中央政治局候补委员并熟识蔡和森的大叛徒顾顺章也到了香港。蔡和森的处境很险恶，但他向来不考虑个人安危，照常开展工作。

6月10日，他不顾广东省委的劝告，执意去参加一次海员工会会议。因为目标明显，非常危险，同志们劝蔡和森暂时不要到现场去开会，可是蔡和森认为会议这样重要，他不亲自去看看不放心。到中午12点左右，他将孩子紧紧抱在怀里，在房里踱来踱去，心里在考虑如何开好这个会以及应变的方案，孩子扯着他要听故事，他哪里有心思讲故事，对李一纯说："这个会我不去不放心，下午1点前我一定回来，如果没有回来就被捕了……"他刚进入会场，即遭顾顺章指认而被捕。

6月12日，蔡和森被港英当局秘密引渡给广东军阀陈济棠，他在狱中受尽了严刑拷打，但大义凛然，坚强不屈，从容镇定地与敌人展开针锋相对的斗争。他被打得血肉模糊，拖回监狱，躺在地上不能动弹。狱中的同志一边替他喂饭，一边落泪。敌人百般折磨他的肉体，摧残他的筋骨，无损于蔡和森的坚强意志。他勉励同志们继续斗争，增强信心，说最后胜利一定是属于我们的。这充分表现了一个无产阶级革命家的崇高品德。

8月4日蔡和森在广州被军阀陈济棠枪杀，时年36岁。

后 记

"中国人民永远记着他"

　　蔡和森从中共"二大"起长期担任中共中央和地方党组织的领导工作，参与制定党的路线方针政策，贯彻宣传共产国际的指示精神，提出和影响了中国共产党的正确的思想、理论和政策。为中国共产党的发展、中国革命的发展，作出了重大贡献。

　　在蔡和森的影响和教育下，他的家庭也成为党内突出的革命之家。他同妻子向警予、妹妹蔡畅、妹夫李富春等人都作为党的第一代开拓者，用热血和青春在史册上写下了姓名。他的母亲成为革命的支持者，他的大哥因参加省港大罢工纠察队而献身。1949 年，柳亚子赋诗缅怀蔡和森和向警予等人：

　　　　革命夫妻有几人，当时蔡向各成仁；

　　　　和森流血警予死，浩气巍然并世尊。

　　　　死生流转各天涯，今日新都莫众哗；

　　　　记取铁肩担道义，双飞李蔡两名家。

　　蔡和森从青年时期就树立了"匡时救民"的远大理想，为共产主义而奋斗。在短暂的一生中，他节衣缩食，毁家纾难，把一切都献给了党，献给了人民，实现了他自己"忠诚印寸心，浩然充两间"的铮铮誓言。

他工作废寝忘食，生活不拘小节，自幼患有哮喘病，但是他一直忘我地工作。李一纯回忆说："和森同志为组织节省着每一分钱，而自己却带着一身重病孜孜不倦呕心沥血地工作。一个时期，他支气管炎复发得相当厉害，又拖得很长，本来就虚弱的身体更虚弱了。当时生活费用不宽裕，难以保证营养，和森同志毫不介意。"蔡和森虽然一直是党的重要领导人，又住在上海这样的大城市，但一直过着清贫的生活。他是早期领导人中公认的特别艰苦勤奋的人。

蔡和森不仅忘我工作，而且愿为革命舍得一切。在白色恐怖下，为了行动方便，他的夫人李一纯把刚刚八个月的第二个孩子蔡林，请同志转送给了别人。这对家庭是不幸的，而蔡和森总是安慰李一纯莫难过，尽力地鼓励她向前看。蔡和森的大哥蔡林蒸在他的引导下参加革命，在省港大罢工中光荣牺牲。蔡和森在1927年从罗章龙处得知这一不幸消息，但他说："革命就是不免有牺牲的，我们不应该过分为死者悲伤，而应该沿着烈士的道路继续前进了。"无论在什么岗位上，处于怎样的境地，蔡和森都充满信心，始终坚持革命，坚持斗争，体现了一种公而忘私的崇高精神境界。在短暂而光辉的革命生涯中，无论遇到什么艰难困苦，他都立场坚定，不屈不挠。最后用宝贵的生命谱写了无产阶级革命家的壮丽篇章。

1934年，毛泽东在全国苏维埃第二次代表大会上评价蔡和森说："一个共产党员应该做到的和森同志都做到了。我还有什么说的。"

1980年，邓小平为纪念蔡和森诞辰八十五周年题词："蔡和森同志是我党早期的卓越领导人之一，他对中国革命作出了重大的贡献，中国人民永远记着他。"

蔡和森永远活在我们的心中，他的光辉业绩永远激励我们前进。